ホンネがわかる

妻ことば超訳辞典

夫婦問題カウンセラー
高草木陽光
takakusagi harumi

青春出版社

はじめに　「穏やかな夫婦関係」を望む夫たちへ

「なぜ妻が不機嫌なのかを知りたい」

「もっと妻の気持ちに寄り添いたい」

「妻の言葉にどう返答したらいいのかわからない」

「穏やかで平和な夫婦関係を築きたい」


本書はそういう夫のみなさんのために書いた本です。

これまで数千人の〝妻の本心〟と向き合ってきた経験を活かし、妻が発した言葉の裏にあるホンネをテーマごとに分けて、わかりやすく解説しました。

「普通に答えただけなのに怒られる」「何をしてもダメ出しされて辛い」「いつも妻の機嫌が悪くて居心地が悪い」、そんな不満やモヤモヤを抱えて相談に訪れる夫が後を絶ちません。

妻が夫に何度も言う言葉、独り言のように呟《つぶや》く言葉、試すような言葉、怒ったように吐き出す言葉、その言葉の裏側には、1時間や2時間では伝え切れないほどの妻の

〝ホンネ〟が隠されています。

ですが悲しいことに、そんな妻の言葉の裏側まで深読みできる夫はごくわずか。そのため今日も、あっちのカフェで、こっちのファミレスで、妻たちの「夫の愚痴大会」が開催されています。


ところで夫のみなさん、妻をガッカリさせたり怒らせたりすることのない、そして自分に理不尽なトバッチリがくることもない、そんな平和な夫婦関係を維持できたらいいなと思いませんか？

「そんなことできるの？」と思いました？　できますよ。

ただし、これまで無愛想にして、妻に対して無視を決め込んでいた……、なんていう夫の場合は、少し練習が必要になるかもしれません。

また、この本を手にとっていただいた方のなかで、ごくわずかかもしれませんが、「オレは、自分を貫き通すんだ！　何を言われても自分を変える気はない！」という「オマエが変われ精神」の人は、本書を読むことで、穏やかどころか反発心のほうが高まってしまう可能性もあるのでご注意ください。

この本は、あくまでも「妻の心をできるかぎり理解したい」「妻と穏やかな毎日を過ごしたい」と願う、大切な人を大切にしたいと思っている夫たちに贈る本です。

私の性別は「女性」ですが、だからといって「全面的に妻の味方をする」という偏った考えはありません。みなさんの妻たちと同じ女性であるからこそ、妻の「受け取り方」や「感じ方」が〝よりわかる〟というだけです。

また、これまでおよそ10000人の夫婦のカウンセリングを経て、わかったことや気付いたことをお伝えしているにすぎません。

今でこそ夫婦問題カウンセラーとして活動していますが、実はかつての私は、相手を理解しようという気持ちがまったくありませんでした。夫婦それぞれが、「夫はこうあるべき」「妻はこうあるべき」という主張が強く、ケンカばかりしていました。

また、お互いに、「言わなくても察して」を求めていて、言わなければいけないことを言わず、言わなくてもいいことを言っていた……。そんな、どうしようもない夫婦でした。

未だに夫に対して「は?」と声に出して言いたくなるときがありますが、それは夫も同じだと思うし、そう感じるなら相手にわかるように〝具体的〟に伝える必要があるのです。

相手の気持ちに寄り添おうとする「姿勢」が見えなければ、そんな態度に応じた言動をされるのは当然だということ。お互いの「性別」や「タイプ」「性格」などを考慮し、「想像力」を働かせて対応していくことで、穏やかで平和な夫婦関係を保てることを学びました。

ですが、なにぶん男性は、その「想像力」を働かせたり、自分の気持ちを「言語化」したりするのが苦手な人が多い傾向があるため、妻側としては釈然とせずイライラしてしまうわけです。

妻に出ていかれて、はじめて事の重大さに気づく夫も少なくありません。正直、そうなってから夫婦関係を修復しようと思っても「時すでに遅し」かもしれませんし、修復や再構築には年単位の時間を有することも珍しくないため、精神的にも体力的にもかなり疲弊します。

このような余計な消耗を避けるためには、夫婦間のいざこざをなくし、ケンカをしても短時間で丸く収めることが大事なのです。そのために、言葉を交わし、すれ違いや勘違いをしないように工夫したり意識したりすることは必須。

そういった意味でも、本書にある〝妻ことば〟を理解することは効果的です。

どのようなことを実践すれば理想的かということも「こじらせない返答例」や「解説」のなかに盛り込んでいますので、自分流にアレンジしながら取り組んでみてください。そうすることで、「妻が求めている言動」に素早く、適切に対応できるようになります。そして、妻の心と態度が軟化して驚くほど会話がスムーズに進み、夫婦の穏やかな時間が流れます。

「夫婦や家族が幸せになる方法」を突き詰めると、至ってシンプルなことばかりです。そのシンプルなことさえ、いつの日からか私たちは手を抜いて、怠惰な〝楽〟へと引きずられてしまいます。この辺で改めて、「自分たち夫婦は、どんな夫婦を目指しているのか?」と初心にかえることも必要なのではないでしょうか。

さあ、早速あなたの妻の〝妻ことば〟に意識を向けてみましょう。そして気持ちに寄り添ってあげてください。

「妻の本心を理解したい」という強い思いがあれば大丈夫です。堅固な鎧を身にまとい、慌ただしい毎日を送る妻の心を丸く滑らかにしてあげられるのは、夫であるアナタしかいないのです。

高草木陽光

目次

第2章

第3章

「スルーすると危険系」妻ことば……105

日常の鬱憤も、気づかぬうちに深刻な事態に……

第4章

「強気発言系」妻ことば

黄色信号点滅中。欲しいのは誠意と本気の行動です！

第5章 「限界発言系」妻ことば

番外編

本文デザイン　鷹觜麻衣子
DTP　キャップス

第1章

「共感要求系」妻ことば

夫のアドバイスは妻が欲しいものではありません

この状況を理解してほしい。いたわってほしい。

一見、些細で見過ごしやすい言葉の中にある深〜い意味。

【妻ことば】

なんか、頭が痛い。
風邪ひいたかも。

超訳

「体調が悪い」って言っているときくらい、家事も育児も休ませてほしい。どうして夫は何もしてくれないんだろ？　具合が悪くても私が家事をするのが当たり前だと思っている、その神経が信じられない。

夫が言いがちな返答

- オレのメシは？
- 病院行ってきたら？
- オレも。

解説

ただ〝体調の報告〟をしているわけではなく、いたわりの言葉や優しい言葉が欲しいときに口にする言葉。

妻が体調不良を訴えたとき、夫がやりがちなのが〝解決策の提案〟と、自分の〝メシの心配〟です。

心配だからこそ「薬を飲んだほうがいい」「病院に行ったほうがいい」と言ってくれるのはわかるのですが、残念ながらそれらの言葉は妻にとって〝優しさ〟ではありません。

妻は、「どうしたら早く治るか？」の答えを聞きたいわけではなく、真っ先に、〝いたわりの言葉〟が欲しいのです。

「オレのメシは？」と、自分のメシの心配をする夫は、一生恨まれます。

また、「オレも熱っぽい」など体調不良を被せてアピールしてくる〝オレも族〟が必ず出没するこの界隈。

そのような無神経な発言が度重なると、信頼も尊敬も失われ、妻の気持ちは一気に冷めてしまうでしょう。

まずは自分の心配よりも妻へのいたわりを！

こじらせない返答例

大丈夫？　食欲は？　食べられそうなら何か作る（買ってくる）よ。

あとは僕がやるから、今日は早く休んで。

【妻ことば】

あ〜疲れた〜。

もう疲れた……。

超訳

今日も仕事頑張った〜！　お疲れ、私！　何もしないでゆっくりしたいけど、誰も夕飯の支度してくれないし、自分がやるしかない。家族からの「お疲れ様」「いつもありがとう」の言葉があったら、もっと頑張れるのにな〜。

夫が言いがちな返答

- じゃあ、夕飯は簡単なものでいいよ。
- オレのほうが疲れてる。

解説 「疲れた」＝「自分、お疲れ！」、「疲れた」＝「ねぎらってほしい」、「疲れた」＝「辛い」など、そのときのシチュエーションや声のトーンなどによって意味が大きく違ってくる言葉。

たとえば、少し投げやりな感じで言う「あ～、疲れた～」と、元気なくポツリと言う「もう疲れた……」では、後者のほうが心に抱えている問題が深刻です。

基本的に妻は、ねぎらいの言葉や、ありがとうの感謝の言葉だけでも頑張れるのですが、もし深く思いつめている雰囲気を感じ取ったら、そのまま見過ごすことはせず、気持ちを引き出して話を聴いてあげてください。

そして、「マウンティング夫」は要注意！「疲れた」に対抗して「〝オレのほうが〟疲れてる」と競ってしまう夫は、何と戦っているのでしょう？ そこは素直に「お疲れ様」と言える余裕がほしいですね。

妻の「疲れた」こそ、あなたの〝思いやりシャワー〟を浴びせまくるチャンスです。

このチャンスを見逃さないように！

こじらせない返答例

今日も一日頑張ってくれてありがとう。肩でも揉もうか？

お疲れ様！ お風呂沸いてるけど先に入る？ 疲れが和らぐよ。

【妻ことば】

お義母さんが何か送ってきたよ。

お義母さんがアポなしで来たんだけど！

超訳

いつも何か送ってくれるのはありがたいんだけど、食べ切れないほどの食材や趣味でもない洋服を送られてもゴミになるだけ。どうせ送ってくれるなら現金にしてほしいっていうのが正直な気持ち。連絡なしで来るのやめてほしい。夫がハッキリ言ってくれたらいいのに……。

夫が言いがちな返答

- 別に悪気はないんだから……。
- あまり気にするなよ。

解説

義母の言動を快く思っていないときや、夫が母親に苦言を呈することを期待する言葉。

孫に洋服やおもちゃを送ってきたり、大量の野菜や食材を送ってきたり、アポなしで突然訪問したりする義母もいて、断りたくても断りきれず仕方なしに受け入れている妻も少なくありません。

側から見たら「あれこれ世話を焼いてくれる良い義母」と言う人も少なくないと思いますが、当事者の妻にとっては、離婚を考えるほどの悩みの種だったりします。

それに比べ、問題の深刻さにまったく気付いていない夫も多いので、一度妻の気持ちを確認したほうがいいかもしれません。

「自分の親なのだから、妻もきっと好きになってくれるはず」は、妄想です。

嫁姑関係が良好な人たちもいますが、そのような人たちは、精神的にも物理的にもお互いのパーソナルスペースをわきまえた大人の付き合いができる人で、きっと夫も気遣い上手なのでしょう。

こじらせない返答例

またそんなことあったの？　先に僕に連絡するように言っておくね。

わかった。後は僕から上手く言っておくから。

【妻ことば】

仕事が辛くて……。

もう会社、行きたくなーい！

超訳

別に仕事を辞めたいわけじゃないのよ。愚痴を聞いてほしいだけ。それに、私も仕事しているのに家事育児の負担が大きすぎてホント大変ということもわかってほしい。

夫が言いがちな返答

- 辛いなら仕事辞めたら？
- パートなのに？
- オレのほうが辛いよ。

解説

「仕事が辛い」＝「辞めたい」というわけではなく、仕事を含めた日常生活の「共感」を求める種類の言葉。

夫が思う「仕事が辛い」と、妻が思う「仕事が辛い」は、まったく違った要因であることが多いのです。

仕事をしながら、ほとんどの家事育児を担っている妻は〝仕事そのもの〟が辛いというよりも、仕事・家事・育児など家のことも考えながら毎日の生活を維持していくことに、しんどさを感じています。

精神的、体力的なしんどさを〝自分の物差し〟で図る夫がいますが、それはあまりにもナンセンス。妻の弱気な発言は、心に寄り添うチャンスでもあるのに……。

職場で嫌なことがあったときは、味方である夫にただ愚痴を聞いてもらえるだけで明日のエネルギーに変えられるのです。

なかには妻の愚痴を聞くことを不毛に感じる夫もいるかもしれませんが、お互いの心の安定を望むならば必要なことなのです。

こじらせない返答例

どうしたの？　大丈夫か？　話、聴くよ。

何かあった？　たまには何か美味しいものでも食べに行くか！

【妻ことば】

今日こんなことがあった（言われた）んだけど、どう思う？

私が間違ってるの？

超訳

私が間違ってるのかな？　どう思う？　あなたには、絶対共感してほしいんだけど。「君は間違っていない」と言ってほしいいし、味方でいてほしい。いきなり否定されたら悲しいな。

夫が言いがちな返答

- 気にすることないよ。
- ～すればよかったのに。
- どっちもどっちじゃない？

解説 気持ちに共感してもらえそうな、安心できる人に発する言葉。

たとえ「妻に非がある」と思っても、直球で否定するのはお勧めしません。

まずは状況を把握し、妻自身がかかえた感情に対して「それは大変だったね」と共感を示すことが、穏やかな夫婦関係を維持するためには何よりも大切です。

もし助言したいことがあっても、途中で口を挟まないようにしてください。共感しながら一通り話を聴いてあげるだけで妻の心は満たされますから。

アドバイスを求められたら「自分だったら、こんなふうにしてみるかも」「こうしてみるのはどうかな？」という強制しない言い方をしてあげると冷静に聞く耳を持ってくれるでしょう。

夫婦関係を長期的に保つためには、〝正論〟を突き付けたり白黒ハッキリさせたりすることが必ずしも正しいとはかぎりません。

「正論」＝「夫婦の幸せ」ではないのです。

まずは、アドバイスよりも「共感」。聴くことに徹し、感情を吐き出させてあげましょう。

こじらせない返答例

えー！　それは大変だったね。そんな（酷い）ことを言われたの!?

（妻の名前）は間違ってないよ。よく我慢したね。（ヨシヨシ）

【妻ことば】

**聞いて聞いて〜！
今日ね、○＊△□※％〜
（以下、夫にはどーでもいいこと）**

超訳

この楽しい（悲しい）気持ちを、あなたと共有したい！　ただ、「そうなんだ！」「へ〜！」「それで？」とか、リアクションをしてほしいだけなの。だから、余計な言葉やアドバイスはいらないからね。

夫が言いがちな返答

- で、オチは？
- 結論から先に言って。
- 疲れてるから後で聞くよ。

解説

「楽しい」「面白い」「イライラ」を共有したいときに使う言葉。

たぶん、「また、くだらない話が始まった」とウンザリする夫もいるかもしれません。

でも、妻がウキウキしながら、あるいはイライラしながら「聞いて聞いて～」と言ってくるこの状況を、無視してしまう夫がいたとしたら「もったいない！」と思うのは私だけではないはずです。

たとえ、あなたが徹夜明けの寝不足だったとしても、仕事で大失敗した直後だったとしても、目の前にいる妻の「ウキウキ」「イライラ」には何がなんでも乗るべきです。

なぜなら、話したい気持ちマックスのときに気持ち良く話を聴いてくれる人こそ、妻にとっての〝精神安定剤〟であり、〝必要な人〟であり、〝手放したくない人〟になるからです。

多くの夫たちが、特にオチのない妻の話に興味がもてず、途中で席を離れたり初めから聞くことを拒否したりしがちですが、家庭に穏やかな風を吹き込みたいのであれば、妻の話に耳を傾けてあげるのが近道です。

こじらせない返答例

どうした？　何か楽しいことがあった？

なになに？　聞く聞く〜！

【妻ことば】

私はダメな母親（妻）だと思う。

私は母親失格だよ……。

超訳

あなたも子どもも大切だけれど、イライラして強く当たったり子どもを叩いたりしてしまう自分が嫌になって、何もかも投げ出したい気持ちになる。あなたが家事や育児をよくやってくれるほど自分の存在価値がわからなくなって辛い。

夫が言いがちな返答

- もっと自信を持ちなよ。
- そんなことないよ。
- なんで？

解説 自己嫌悪で自信を失っているとき、「自分には価値がある」「必要とされている」ということを、人に言語化してほしいときに使いたくなる言葉。

「幸せな夫婦（親子）関係」「完璧な妻（母）」になるための〝正解〟なんてないのに、真面目な人ほど正解を求めて苦しくなってしまいます。

誰もが手探り状態で、行ったり来たりしながら理想の家庭に近づくよう試行錯誤しています。しかし、急いで結果を出そうとする人ほど多少の障害でダメージを受けやすく、自分に自信が持てなくなったり他責思考になったりすることがあります。

特に、周りからの賞賛や評価を気にしすぎる人、他人のＳＮＳの投稿に左右されやすい人などは、気持ちが不安定になりやすい傾向があります。

周りの人と同じようにできないこと、理想通りに進まないことに焦りを感じてしまうのです。

そのようなタイプの妻に家族や周りの人間がしてあげられることは、〝存在そのもの〟を認めてあげることなのかもしれません。

こじらせない返答例

頑張りすぎだよ。ダメな母親（妻）なんかじゃないよ。

自分のペースでいいんだよ。一人で抱え込まないで相談して。

【妻ことば】

**△△が身体にいいって
みんな言ってるよ。**

みんなやってる。

超訳

せっかく買ってきたのになんで食べない（飲まない）の？　△△が身体にいいってテレビでもやってたし、ネットでも話題になってるのに知らないの？　芸能人の○○さんも健康のために食べている（飲んでいる）って言ってたのに。

夫が言いがちな返答

- みんなって誰だよ。
- へ〜。
- 人は人。

解説

「正当性を主張したい」「コントロールしたい」「説得したい」という心の表れの他、〝みんな〟を出すことで「責任を負いたくない」という心理も隠れています。

妻が、「みんな言っている」「みんなやっている」という言い方をするのは、本当は〝自分〟の意見を主張したいのだけれど、「みんな」を味方につけたほうが、角が立たず聞く耳を持ってくれるのではないかという思惑もあります。

また、「〝あなただけ〟が間違っている」と言わんばかりに変人扱いすることで、夫の考えが自分寄りに変わることを望んでいたりもします。「みんながしていること」＝「正しい」「正解」とはかぎりませんが、なぜか〝みんな〟を引き合いに出す妻は、信じて疑わない人が多いような気がします。

信じる心が強い人は、それ以外の選択をした人を見下すような発言をすることもあります。

妻がこのタイプだった場合、あからさまに否定すると夫婦関係にも響いてくることがありますのでお気を付けください。

こじらせない返答例

そうなんだぁ。じゃあ、僕も試してみようかな。

そうなの？　知らなかった！　ちょっと自分でも調べてみるよ。

【妻ことば】

美味しい？

美味しかった？

超訳

無言で食べるって、作った人に失礼だから！　ウソでもいいから「美味しい」って言ってくれる気遣いとかできないの？　なんでそういうところに気が付かないんだろ。もう作る気なくすわ。

夫が言いがちな返答

- 普通。
- 大丈夫。食べられる。
- 味が薄い（濃い）。
- 油っぽい。

解説　料理を作った妻が、夫に「美味しい」と言ってもらいたいときに発する言葉。

黙って待っていれば自動的にご飯が出てくると思っているアナタ！　まさか、無言で食べたりしていませんよね？　「美味しい」とか「ありがとう」って、必ず言ってますよね？

「妻の料理が美味しくない場合は、どうしたらいいの？」と思っている人もいるかもしれませんが、その場合は、「疲れてるのに、ありがとう」など、ねぎらいの言葉を伝えましょう。

ところで、アナタは妻や子どもとの食事の時間に、どんな〝意味付け〟をしていますか？　ただ空腹を満たすだけの時間？　栄養補給だけの時間？　そんなわけありませんよね？　「料理や食材を作ってくれた人に感謝して、家族とたわいもない会話を楽しむ時間」と、多くの人が答えるのではないでしょうか。

それなのに、会話もしない、感謝もしない、楽しそうでもない、なんなら不機嫌……。そんな夫と食べる食事の時間は、〝拷問〟としか言いようがありません。「美味しい」をキッカケに和やかな時間を過ごしてください。

こじらせない返答例

美味しい！（妻の名前）が作るご飯が一番好き♪

美味しかった〜！　ご馳走さま！

【妻ことば】

ねぇ、私スゴくない？

私って天才かも！

超訳

共感して、共感して、共感して！／褒めて、褒めて、褒めて！／ダメ出ししないで褒めてくれれば、それだけで頑張れる！

夫が言いがちな返答

- 別に普通でしょ。
- スゴいね（棒読み）。
- そんなの誰だってできるよ。

解説 自己肯定感が高い妻、または承認欲求が強い妻が発することが多い言葉。

一般的にみたら非常にわかりやすく、素直な妻です。

しかし、夫婦関係によっては「そんな妻がかわいい」と思う夫がいる一方で、「そんな妻が嫌だ」と思う夫もいるでしょう。

とはいえ、夫婦関係を良好に保つことを優先するのであれば、共感力を発揮し、いい意味で相手を調子に乗らせてしまったほうが、理不尽なトバッチリを受けたりすることもなく平和に過ごすことができますよ。

なかには「調子に乗らせると偉そうにするからヤダ」と言って、嫌みで返してしまう夫や張り合ってしまう夫もいますが、それは長期的に見ると、穏やかに過ごせるはずだったチャンスを自ら逃していると言っても過言ではありません。

お互いを認め、一緒に喜んだり悲しんだり、励ましたり……、そんな夫婦関係だったら素敵だと思いませんか?

こじらせない返答例

スゴいねー! さすが(妻の名前)ちゃん!

なかなかできることじゃないよ! 天才! 尊敬する!

【妻ことば】

育児が辛い。

私には、もう家事と育児の両立はムリ。

超訳

「ワンオペだから辛い」ではなく、食べない、寝ない、泣き止まない、言うことを聞かない。だからトイレにも行けないし、決まった時間に座ってご飯を食べることもできない。家事をしたくても思い通りに進まない。この状況を夫が理解してくれないことが辛いの。

夫が言いがちな返答

- 何が辛いの？
- 誰だって辛いときはあるんだから。
- みんなやってることだよ。

解説 育児と家事の両立が限界なのに、夫が非協力的で無理解なときに発せられやすい言葉。

普段、明るく振る舞って見える妻でも、長時間ずっと話の通じない乳幼児と一緒にいるのは神経も体力も消耗します。なんでも話せる友達や両親が近くにいるのなら、その辛さも多少は軽減されるのでしょうが、やはり一番効果的なのは「夫」の理解と協力です。

夫が疲れて帰ってきた姿を見ると、相談したくても言い出しにくく溜め込んでしまう妻もいて、なかなか妻の精神状態に気付かない夫が多いのも問題です。我慢強かったり完璧主義だったりする妻の場合は特に注意が必要です。

物理的に夫がどうにもできないのなら、ベビーシッターや家事代行など、外注サービスを利用することも前向きに検討してみたらいかがでしょう。内容によって、1時間2000円台〜4000円台で利用できるところもあります。

数千円で妻の負担が減り、少しでも余裕ができれば、夫への風当たりも弱まるかもしれません。

こじらせない返答例

大丈夫？　今夜は僕が子どもと寝るから早めに休みな。

毎日ありがとうね。僕もやるから一緒に対策を考えよう。

【妻ことば】

明日は会社の飲み会だから遅くなるね。

○曜日は友達と出かけるから。

超訳

ただ単に、「帰りが遅くなる」「出かける」ということだけを伝えたいわけじゃないんだけど伝わってるかな？「私が帰るまでに家事を終わらせておいてね」ってことなんだけど、わかってる？

夫が言いがちな返答

- 何時くらいに帰ってくる？
- じゃあ、オレも飲みに行くわ。
- どこでやるの？

解説

「夫婦は対等である」という考えのもと、家庭はもちろん職場や友達との関係も大切にしたいという価値観の意思表示ができる妻が日常で使う言葉。

職場の人や友達との付き合いが大事なのは妻も同じ。食事に行ったり飲みに行ったりすることは、共働きでも、そうでなくとも、対等に話し合って決められる関係性が理想的です。

しかし、未だに日本社会は「仕事やプライベートを優先していいのは夫だけ」という雰囲気を醸し出しています。

そのため、同調圧力に流されやすい私たち日本人は、夫はもちろんのこと妻自身も、その呪縛から抜け出すことに消極的です。

それぞれがもっと〝自分〟を楽しめばいいし、妻が飲み会なら夫が早く帰って子どもの面倒をみればいい。

出かける側を気持ちよく送り出し、できないことがあるならお互いの凹凸を埋めるようにフォローし合えばいいのです。

もし偏りがあるなら、それぞれが安心して家事や育児を任せられる仕組みを作りましょう。

こじらせない返答例

ゆっくり楽しんでおいで。あまり飲みすぎないようにね。

帰りは気を付けてね。連絡してくれれば駅まで迎えにいくよ。

【妻ことば】

そんなこと言ったって、しょうがないでしょ。

しょーもな！

超訳

今さら考えても仕方のないことなんだから、いつまでもクヨクヨしてないでサッサと頭を切り替えたほうがいいのに……。まったく肝っ玉が小さいんだから。／また、くだらないこと言ってる。

夫が言いがちな返答

- でも……。
- 冷たいな。
- 人のことだと思って……。

解説

「起きてしまったことを悔やんだり悩んだりするよりも、次に進むことを考えましょう」という現実的かつ論理的思考を促す言葉。「くだらない」「呆れる」という意味でも使われますが、自分自身に言い聞かせたり、開き直ったりしたときにも言いがちな言葉。

いつまでもクヨクヨしている夫を見ていられないとき、「しょうがないよ！」と妻は励ましたくなるものです。そんな妻のポジティブな性格に助けられている夫も少なくないのではないでしょうか。

場合によっては、「軽く言わないでほしい」「他人事だと思って」と不快に感じる人もいるかもしれませんが、落ち込んでいる夫を見ている妻も辛いのです。

「しょうがない」＝「前に進もう」です！

起きてしまったことにこだわるより、解決策や今後の対策にシフトチェンジできる夫を、妻は頼もしく感じ、安心するものです。ですが、自分の誤った行動や失言に対し、開き直る意味で使われる「しょうがないでしょ」は相手を不快にさせるので要注意です。

こじらせない返答例

そうだよね！　そうやって切り替えられるように僕も見習わないと。

（妻の名前）の言う通りだよね。もう考えないようにする！

【妻ことば】

そういうとき、普通は〜するよね？

夫（父親）なら、普通は〜するでしょ！

超訳

誰が見ても、あなたの言動は常識的に考えて間違っているし、今の時代にも合ってないのよ。もっと周りの人の意見を聞いたり見たりして勉強してほしいわ。

夫が言いがちな返答

- 「普通」ってなに？
- そうなの？
- 人それぞれだと思うよ。

解説

「一般的に」「珍しくない」という意味で使われる表現ですが、夫婦間では、妻が〝勝手に〟描く「理想の家庭や物事」を基準として比較するために使われることが多い言葉。

私たちは、無意識に「普通」という言葉を多用している印象がありますが、使う場所や状況を見極めないと、自分が〝陳腐な人〟に見られてしまいかねない言葉でもあります。

特に近年は「ダイバーシティ」（多様性）が叫ばれている社会になりつつあるため、慎重に判断して使う必要があると感じています。

とはいえ、夫婦や家族間では〝都合よく〟使われることが未だに多く、「普通」を強調するあまりケンカが絶えない夫婦もいるほどです。

夫婦の争いを防ぐ方法として有効なのは、「普通」にこだわらず、「相手を尊重する」「自分の価値観を押し付けない」というルールを互いに守ることです。

「普通」にこだわる妻は、「その他大勢」の〝一員〟でいるほうが安心でいられるのです。

もしくは、「私のルール」を貫き通したいのでしょう。

こじらせない返答例

わかった。（妻の名前）がそう言うなら、もう少し考えてみるよ。

そうだよね〜。でも、〜する方法もあると思うんだよね。

【妻ことば】

消えたい……。

いなくなりたい。

超訳

毎日が辛いし苦しい。「死んでしまいたい」と思うときもあるけれど、やっぱり怖い。だからこの場からスッと跡形もなく消えたい。現実的ではないのはわかってるけど、夫も子どももおいて、どこか知らない土地で一人静かに暮らしたいと思うときがある。

夫が言いがちな返答

- どういう意味？
- え？
- やめてよ〜。

解説 かなり切羽詰まった問題を抱えている精神状態のときに発しやすい言葉。

〝希死念慮〟に支配されてしまう恐れもあるので周りの人や家族の愛情や見守りが必要。

家庭や職場での人間関係や金銭問題などを抱えている人のなかには、うつなどの精神疾患が悪化し、正常な判断がつきにくくなってしまう人もいます。

また、夫婦関係の悩みのほか、ワンオペ育児により「育児ノイローゼ」になり、さらに悪化すると「育児うつ」になってしまう妻もいます。

そのため、「死にたい」「消えたい」などと口にすることが増え、明らかにこれまでとは違った人格が見え隠れすることもあります。

人によっては攻撃性が高まったりすることもありますが、まずは「相手の気持ちに寄り添う」ことは基本中の基本と言えるでしょう。

どんなことを妻は「大変」「辛い」と感じているのか？　どんなことに思い悩んでいるのか？　否定せずに話を聴いてあげる時間をつくってください。

こじらせない返答例

辛いよね。苦しいよね。いつも一生懸命だもんね。わかってるよ。

お願いだから、一人で抱え込まないで。もっと僕を頼っていいから。

【妻ことば】

人前では、ちゃんとして。

ちゃんと片付けて！

ちゃんと子どもを見てて。

超訳

いつものように仏頂面じゃなくて笑顔でハッキリ挨拶して、コミュニケーションをとって常識的に振る舞って。／使った食器はキレイに洗って、拭いてから元の場所に戻して。／子どもが危険なことをしないようにスマホゲームは禁止ね！

夫が言いがちな返答

● わかってるよ。

● いつもちゃんとやってるじゃん！

解説　「ちゃんと」の意味や使い方は、その人の価値観によって変わってきます。したがって妻の言う「ちゃんと」は妻の〝物差し〟次第。

「ちゃんと」は、便利ですが曖昧な言葉です。伝える側が、「ちゃんと」とは、どの程度のことなのか、具体的な説明を加えてくれればわかりやすいのですが、夫婦間ではそう簡単にはいかないようです。なので、もし自分の判断や解釈に自信がないのであれば、その都度確認してください。

たとえば、妻から「ちゃんとしてね」と言われたら、「了解！　～すればいいんだよね？」と、言葉を付け足すことで面倒な食い違いも起こりにくくなります。「めんどくさ！」と思うかもしれませんが、「ちゃんと○○して」と言われるということは、日頃から妻の求める〝ちゃんと〟に達していないということなのでしょう。

ちなみに、「〝ちゃんと〟ってどういうこと？」という確認の仕方ですと、「そんなの自分で考えてよ！」と言われて終わるのでお気を付けください。

こじらせない返答例

了解！　いつも言われてる通りにするから大丈夫だよ。

ＯＫ！　○○を～したらいいんだよね？

【妻ことば】

見て！　あのカップル（夫婦）楽しそうね。

あの二人、仲良さそう。

超訳

楽しそう（幸せそう）で羨ましい。もう何年も、あんなふうに手をつないで歩いてないなぁ。以前は、どちらからともなく自然に手をつないで歩いたのにね。あ〜、付き合ってるときみたいにラブラブしたいな〜。

夫が言いがちな返答

- え？　あ〜。
- 実際はどうだかわからないよ。
- あの彼女かわいいね。

と思われがちですが、妻は日頃から自分たちの〝いま〟をもっと充実させたいと思っていたり、見直してほしいと思っていたり、そんな不満を抱えているのかもしれません。

　仲がいい夫婦やカップルを見ると微笑ましく感じるものですが、自分たちの関係が険悪な場合は、微笑ましいどころか憎々しいとさえ思ってしまうほど心が荒んでしまう人もいます。

　あなたの妻をそんなふうにさせないためにも、日頃の思いやりを忘れないようにしましょう。

解説

「羨ましい」「懐かしい」「私も〜したい」という気持ちの表れ。

「あのカップル楽しそう」「○○さん夫婦って仲良しだよね」などと、それとなく言われたとしたら、「私たちも、あんなふうに仲良くしたい」という願望が含まれています。

　妻が、その〝妻ことば〟を意図的に願望として伝えているのではなくて、妻自身も気付かないうちに無意識に言葉に出して言っていることが多いのです。

　気にとめることもない「なんでもない言葉」

こじらせない返答例

ホントだ、楽しそうだね〜！　僕たちも、あんな頃があったよね。

じゃあ僕たちも、手とかつないじゃう!?

【妻ことば】

ねえ、聞いてる？

私の話、聞いてた？

超訳

さっきから話しているのに適当な返事だけで目も合わせないってどういうこと？ 私、雑に扱われてるよね？ 聞いてるなら、相槌を打つとか、リアクションするとかしてほしいんだけど。

夫が言いがちな返答

- 聞いてるよ。
- わるい、もう一回言って。
- なんとなくわかった。

解説　話の内容を正確に理解してくれているか否かも大事ですが、内容の理解度よりも、自分が「蔑《ないがし》ろにされている」と感じたときに発しやすい言葉。

比較的、夫が妻からよく言われがちな言葉でもあります。

「話が長い」「話のオチがない」「興味がない」という理由で、妻の話を〝聞く態度〟がいい加減になっている夫は少なくありません。

大概、夫が答える「聞いてるよ」は、「聴く」ではなく、見てもいないテレビをつけっぱなしにしているときと同じように、ただ「聞き流しているだけ」なのです。

今までに、「前にも言ったよね？　何度も言わせないで！」とブチギレされたことがある人は、この〝聞き流し〟常習犯なのでしょう。

いきなり、サラリと〝重大問題〟を投げてくることもあるので気を付けたほうがいいですよ。

また、話の内容よりも、夫が〝話を聴く姿勢〟を見せてくれているかどうかのほうが妻にとっては重要であり、その他はどうでもよかったりすることもあります。

こじらせない返答例

ちゃんと聞いてますよ～。で、その後どうしたの？

あ、途中から（妻の名前）に見惚れて聞き逃した。

【妻ことば】

仕事始めようと思うんだけど……。

～を習いに行きたいんだけど……。

超訳

このままでは、社会から置いてけぼりにされそうで不安だから仕事したい。これまでのキャリアも失いたくないし。夫には家事育児に、もっと協力してもらう必要があるけど理解してくれるかな……。

夫が言いがちな返答

- 何するの？
- どっちでもいいよ。
- 家のことは今まで通りしてくれるよね？

解説

自分の挑戦やステップアップを応援してほしいときや、背中を押してほしいときに発する言葉。

これまでキャリアを積み重ねてきた女性が結婚や出産を機に家庭に入ると、報酬を得る仕事や人とのコミュニケーションが途絶えることに、とてつもない恐怖感や孤独感をいだくことがあります。

特に、家事や育児に専念し、しばらく社会から離れていた妻は、夫に「仕事がしたい」と自分の意思を正直に話すことさえ躊躇しがちです。

その理由の多くは、自分が仕事をすることによって多少なりとも夫に家事や育児の負担を負わせてしまうことがわかっているから。

心地良くいられる夫婦関係を育むために必要なのは、仕事であれ趣味であれ、お互いを応援し合いながら支え合っていける関係性です。

どちらか一方が、何かをあきらめたり我慢したりしなければいけない状況を、なるべくつくらないような工夫をしましょう。

また、それぞれの意思や意見が言いやすい雰囲気づくりや環境づくりも大切です。

こじらせない返答例

やりたいことなら応援するよ。家事育児の分担も見直そう。

僕も家のことやるし、無理のない範囲で始めてみれば？

column

会話は「質問力」と「共感力」が9割

夫婦問題のカウンセリングをしていると、相談者の男性からよくこんなことを訊かれます。「夫婦の会話って、何を話したらいいんですかね?」と。

十数年前は、「え? 夫婦なのにわかんないの!?」(心の声)とビックリしたものですが、その質問があまりにも多いので、最近は「また〝妻だけ〟コミュ障か」と、当初とは違う驚きになっています。(妻だけコミュ障とは、妻とだけコミュニケーションがとれない夫)

夫婦で何を話したらいいのかわからないのは、新婚1年目の人も、20年目の人も同じで、何年夫婦をしていようが関係ないのです。

「夫婦の会話って、何を話したらいいんですかね?」の回答ですが、まず「何を話すかではない」ということを先にお伝えしておきます。「話さなきゃいけない」と思うから、みんな話せなくなるのです。

「話す」ではなく「聴く」のです! そして「共感」するのです!

もう少し付け足すと、「訊いてから→聴く」のです。つまり、「質問する(訊く)→返答を聴く(聴く)→リアクション(共感)」、この繰り返しです。

とにかく、何か質問して、その応えや意見を「共感」しながら聴いてあげれば、めでたく会話成立です!

きっと、「何を訊いたらいいのかわからない」という人がたくさんいることでしょう。そんなのなんでもいいのです。

たとえば、ニュースを見て「この殺人犯、生い立ちが悲惨だったみたいだよね。もし、自分の親がネグレクトだったらどうなってたと思う？」とか……。

「そんな重い話題ムリ！」って言うなら、もっとライトに「十二支に、なんで〝猫年〟がないか知ってる？」とかでもいいから（答えは自分でググってください）！

「そんなくだらない質問でいいのか？」って、いま思いました？　思いましたよね？　いいんです！

ただ、〝猫年〟の話は、答えを言っても「へー」の一言で終わる可能性があります。なので、そこからまた話を〝広げる〟のです。

「そーいえば、○○さんちのネコちゃんだけど、しゃべるらしいよ！」とか。少しくらい話を盛ってもいいから、とにかく「連想ゲーム」のようにつなげていくのがポイント！　ここまでOK？

で、その結果どんな効果が期待できるのか？　ということですが、まず「質問力」が高まります。そして、質問するためには質問の〝ネタ〟（話題）集めが必要です。

妻が興味を示しそうなネタや、妻の価値観を深く知れるネタ集めを意識することで、「インプット能力」も高まります。

column

いろんな質問を投げかけて、妻の意見や考えを知ることができるということは、あなたが知らなかった〝未知の妻〟を発見できるということです（すごい収穫）。

そして、妻を〝知る〟ということは、妻が喜ぶこと、悲しむこと、好きなこと、嫌いなこと、欲しい物、欲しい言葉などが手に取るようにわかるようになるということでもあるのです（大収穫）！

さあ、ここまでお伝えしたら、もうおわかりですよね？

質問して妻を知ることで、妻の求めるものがわかった。なので、後は夫であるアナタは妻が求める「言葉」と「思いやり」を贈るだけ。

そして忘れてはいけないのは、〝松岡修造〟ばりの「共感力」と「応援力」を発揮すること！

どうです？　意外とシンプルでしょ？

難しく考えず、今夜は素敵な奥様とワインでも飲みながら夫婦の会話を楽しんでくださいませ。

第2章

「愛情試す系」妻ことば

決して疑ってるわけじゃないんです

その返答に愛はありますか？
「どう答えるか」で夫の気持ちや意思を確かめるときの言葉。
察することが苦手な人こそ要注意。

【妻ことば】

ねぇ、まだ怒ってる？

まだ許してくれてない……、よね？

超訳

なんか気まずいな。ちょっと言いすぎちゃったかも。謝ったほうがいいかな……。でも、いつまでも機嫌を損ねてる夫も大人気《おとなげ》ないと思うんだけど。

夫が言いがちな返答

- 別に。
- （怒り気味に）怒ってないよ。
- オレに構わないで。

解説 素直に謝ることができないときや、許してもらいたいときに、相手の気持ちを探るために使う言葉。

「私が悪かった」という反省の気持ちを伝えて、「ごめんね」と謝ったほうがいいのはわかってはいるけれど、そのタイミングを逃して急に不安になり始める妻。

いつものように、うやむやにして仲直り……。のはずが、どうやら今回は様子が違うことに気が付き、焦るのです。

妻が謝ってくれたとしても、そうすぐには気持ちが切り替えられないこともあるでしょうし、「もう怒ってないよ」と笑顔で答えられる人は決して多くはないかもしれません。

自分の感情を整えるためにも時間が必要なことも理解できます。

ですが、同じ空間でイヤ～な雰囲気を長引かせても居心地が悪いだけです。なので、妻からの「まだ怒ってる？」の言葉をキッカケに、仲直りするのがお互いにとって最善です。

まずは、〝ニュートラルな態度〟を心掛けましょう。

こじらせない返答例

怒ってる！　な～んてね（笑）。もう怒ってないけど傷ついたよ～。

僕もちょっと言いすぎた。ゴメンね。

【妻ことば】

私も飲もうかな。

たまには私も晩酌しよっと。

超訳

たまには一緒にマッタリしながら、ゆっくり話がしたい。最近、夫婦で話す時間もなかったし、こういう時間をもっと増やしていきたいな。今日は、なんとなく（エッチ）したい気分なんだけど気付いてくれるかな〜。

夫が言いがちな返答

- 珍しいね！
- 飲むの!?
- 飲みすぎないでね。

解説

普段は自宅で滅多にアルコールを飲まない妻が〝飲みたい気分〟のときは、「話がしたいとき」「話を聴いてほしいとき」、そして「セックスしたいとき」である傾向が強め。

　お酒好きの夫婦であれば、毎日の晩酌は当たり前なのかもしれませんが、たまにしか飲まない妻が付き合ってくれるのは嬉しいですよね。

　でも、夫婦でお酒を飲みながらネガティブな話をすることは絶対にやめましょうね。

　なぜなら、普段言えないで溜め込んでいる鬱憤が、お酒の力を借りて吐き出しやすくなっているため、無駄なケンカになりやすいから。

　同じお酒の力を借りるのであれば、話したくても普段は時間がなくて話せずにいたことや、気恥ずかしくて口に出せずにいることや、感謝の気持ちなど、貴重な夫婦の時間をポジティブな方向に持っていけるよう工夫してみてください。

　また、飲みすぎて、妻からの〝Hサイン〟を無下《むげ》にしたり、妻が求める愛情表現を読み間違えたりして、せっかくの〝ピンク〟な雰囲気を台無しにしないようにしましょう。

こじらせない返答例

お、いいね〜！　飲も、飲も！

（妻の名前）と一緒に飲めるなんて嬉しい！

【妻ことば】

ねぇ、私を見て何か気付いたことない？

私、どこが変わったかわかる？

超訳

髪も切ったし、カラーも変えたのに、なんでうちの夫は気付いてくれないの？　ダイエットして痩せたときも何も言ってくれなかったし、鈍感にも程がある。私のことなんて興味も関心もないのかもしれないな……。

夫が言いがちな返答

- え？　なに？　わからない。
- もしかして髪切ったとか？
- 何か変わった？

解説 いつまでも関心を持ち続けてほしい、変化に気付いて褒めてほしいという気持ちの表れ。

いくつになっても、わずかな変化も見逃さず、気付いてほしいと思うのが〝妻心〟なのですが、男性は結婚した途端に「妻」という存在が〝見えなく〟なってしまう人が多いようで……。

ドイツの科学者、ゲオルク・クリストフ・リヒテンベルクの名言で「恋は人を盲目にするが、結婚は視力を戻してくれる」という格言があります。その意味は、「恋愛に夢中になると、相手を美化しすぎて客観的に冷静な判断ができなくなるが、結婚すると現実的に相手や物事を見られるようになる」、というような意味。

「結婚＝生活」ですから、現実的に考えざるを得なくなるのはわかります。でも、妻が実際に「髪を切った」「痩せた」という変化にも気付かない夫が多いのも〝現実〟なわけですが……。

「結婚は盲目」（意味：結婚すると配偶者の変化が見えなくなること、または見ようとしないこと）という格言もあっていいのでは？　と思っています。

こじらせない返答例

わかった！　昨日よりカワイイ！（わからない場合はコレにかぎる）

言わないだけで、いつも気付いてるよ。

【妻ことば】

何か私に隠してること
ない？

ウソはついてないよね？

超訳

少しでも素っ気なくされると「浮気してるんじゃないか」「嘘つかれてるんじゃないか」などと疑って、いつも不安で仕方がない。なんでもネガティブに考えちゃう癖を直したい気持ちもあるけど、もっと私を安心させてほしい。

夫が言いがちな返答

- ウソなんかついてないよ。
- なんで？
- 何もないよ。

解説

過去にさんざんウソをつかれて振り回されてきた妻や、不安症の妻が言いがちな言葉。息をするようにウソをつく〝上級者〟のウソを見抜くのは困難を極めますが、そうではない夫の場合、どんなに上手く隠しているつもりでも、妻は簡単に見破ります。

ウソには種類があり、大きく分けると「人を気遣う優しいウソ」「人を貶《おとし》める悪質なウソ」「自分を守る卑怯《ひきょう》なウソ」の3つに分類されます。

一般的に夫婦間で問題になりやすいウソは「自分を守る卑怯なウソ」です。自分自身を守ることに必死すぎると、ウソの中身そのものよりも、その人〝個人〟に対して強い怒りや憎しみの感情が湧き上がります。小さなウソが積み重なれば、真実であっても信用されなくなります。そうなると結果的に、アナタの行動が制限され、自由を失うかもしれません。

「自由でなくなったら離婚すればいい」と言っても、妻が同意しなければ離婚もできません。「別居する」と言っても、婚姻費用（生活費）を請求される可能性もあります。そうならないためにも、誠実な対応を心がけてください。

こじらせない返答例

やましいことは何もしてないよ。不安があるなら何でも言って。

ゴメンなさい！　昨日は残業じゃなくて、パチンコをしていました。

【妻ことば】

○年前、○○に行って△△の話をしたの覚えてる？

〜は、いつだったか覚えてる？

超訳

夫は、どこまで覚えているのかしら？　私と旅行に行った場所や、あのとき話したこと、ちゃんと覚えているのかな？　忘れられていたら悲しいから、たまにチェックしてみなきゃ。

夫が言いがちな返答

- そんなこと言ったっけ？
- なんとなく覚えてる。
- なんで？

解説

「覚えている人」＝「私に愛情がある人」という認識の妻が言いがちな言葉。

自分にとって大切な想い出や大切にしている人のことは、「夫にも記憶に残しておいてほしい」という思いは、ほとんどの妻が持っている共通の価値観です。

心に残る甘い記憶も、苦しかった記憶も、いつまでも共有していたいと思うのは自然なこと。

そのとき、その瞬間に感じた「感情の記憶」を忘れずに大切にしたいと思っているのです。

しかし、記憶の保存が苦手な夫にとっては、急に飛び出す妻の〝記憶テスト〟はヒヤヒヤものです。

まるで記憶喪失かのように綺麗サッパリ真っ白状態の夫もいるかもしれませんが、そんなときは正直に認めすぎてもダメ。

さも覚えているかのように振る舞うのも墓穴を掘ることになりかねないのでダメ。

妻をガッカリさせないためには、「もちろん覚えているけど、なんとなく曖昧」くらいに話を合わせながら、急いで記憶を呼び覚ますことです。

こじらせない返答例

もちろん覚えてるよ！　そんなこともあったよね〜。

あれ何年前だっけ？　懐かしいね。また行きたいね。

【妻ことば】

ねぇ、これ
どうやればいいの？
わかんな～い！

キャーー!!

超訳

私、これ苦手。できればやりたくない。夫にやってほしい。やろうと思えばできる（わかる）かもしれないけれど、ずっとできないことにしておきたい。

夫が言いがちな返答

- こんなのもできないの？
- 前にも教えたよね？
- 自分で調べなよ。
- なに騒いでるの？

解説

「甘えてくれる女性」「頼ってくれる女性」ほど、男性の意欲を掻き立てる傾向があるため、本能的に妻が使うことがある言葉。

人には誰でも得手不得手があります。それらを上手く〝補い合える夫婦〟は結果的に長続きする関係性を維持しやすいのです。

甘えたり頼ったりしたほうが効率的であり、夫婦関係も上手くいきやすいのに、現実には「自分でやったほうが早い」と一人で頑張ってしまう妻がほとんどなのが残念です。

そんななか「わかんな〜い」「できな〜い」と（ウソかホントかはさて置き）素直に言える妻は、〝あざとカワイイ妻〟で、賢い〝夫の使い方〟をしているなと感じます。

多くの夫たちも、険しい顔で悪戦苦闘している妻よりも、「これ、どうやるの〜？」と頼ってくれる妻のほうが、きっと愛おしく感じるのではないでしょうか？

頼られたら「自分でやれ！」と突き放すのではなく、「しょうがないな〜」と言いつつも引き受けてくれる夫を頼もしく感じ、改めて惚れ直すはずです。

こじらせない返答例

おぅ、任せとけ！

どした!? いいよ、僕がするから。

【妻ことば】

夕飯なに食べたい？

お昼どうする？

超訳

毎日毎日毎日、献立考えるのホント面倒なのよ！　だから、せめて「肉系がいい」とか「魚系がいい」とか言ってほしい。「なんでもいい」と言うなら、買ってきたお惣菜も、有り合わせで作ったご飯も文句言わないで食べてほしい。

夫が言いがちな返答

- なんでもいいよ。
- 簡単なものでいいよ。
- ある物でいいよ。

解説

献立を考えることが苦痛なときや面倒なとき、または「家族が食べたい物を作ってあげたい」という思いやりから発する言葉。

たとえ妻が根っからの料理好きだったとしても、365日献立を考えるのは、普段料理をしない夫には想像できないほどの労力を要します。

家族の好みはバラバラ、栄養のバランスや健康面も考慮し、なるべく連日同じメニューにならないようにするなど、頭の中は常に「今晩のおかずは何にしよう」が、グルグルしている状態です。

なんなら、その日の朝食後には、すでに夕飯のことで頭がいっぱい。料理が苦手な妻だったら、かなりのストレスになっているはずです。「なに食べたい？」と質問されたら、なるべく具体的にリクエストしてみましょう。

ただし、妻の体力や精神力など、何も考えずにリクエストすると、とんでもないことになりますのでご注意ください。

心得ているとは思いますが、「おかず、これだけ？」なんて口が裂けても言わないように。あなたの一生がかかっています。

こじらせない返答例

今日は僕が何か作ろうか？　それとも、外に食べに行く？

（妻の名前）の料理は何でも美味しいけど、今日はサッパリ系の気分。

【妻ことば】

今、どこにいるの？
何してるの？

超訳
遅い！ 今夜は早く帰ってくるって言ってたのに、こんな時間までどこで何してるの？ 遅くなるなら連絡の1本くらいしたらどうなの!? 心配だし、イライラするし、こっちの気持ちも考えてほしいわ。

夫が言いがちな返答
- もうすぐ帰るよ。
- 今、～で飲んでる。
- まだ会社。

解説

「遅い」「待ちくたびれた」「連絡ないけど？」というとき、もしくは用事を頼みたいときなどに使われる言葉。

特に、まだ子どもに手が掛かる家庭の場合、夫の帰宅時間はかなり重要です。

夫の状況や帰宅時間によって家事や育児の優先順位や段取りが変わるため、守れない約束や、いい加減な返答はしないようにしましょう。

また、幼い子どもがいない場合でも、妻としては食事の準備などの都合で確認の連絡を入れたりすることもあります。

「監視されてるみたいで嫌だ」という夫もいますが、〝鬼電〟じゃないのなら、どうか許容してあげてください。妻にとって、それだけ夫は〝必要な人〟だということですから。

お互いに忙しい毎日をスムーズに気持ちよく過ごすためには、夫婦の連携は必須です。

妻が帰宅時間に厳しかったり、何度も連絡してきたりするとしたら、それは不安だから。

「連絡すると言ったのにしない」「早く帰ってくると言ったのに遅い」。このような無責任な対応の積み重ねが夫婦の破綻を近づけます。

こじらせない返答例

心配かけちゃったね。今○○だから、あと10分くらいで着くよ。

まだ会社にいるんだ。連絡できず申し訳ない。先に寝てて。

【妻ことば】

昔と変わったよね。

あの頃のあなたは、どこへ行っちゃったの？

超訳

昔のあなたは、マメに連絡くれたりプレゼントをくれたり重い荷物を持ってくれたり、真剣に私の話にも耳を傾けてくれた。子どもが生まれたときも喜んでくれたのに……。今は仕事を理由に家事も育児もしないよね。あの頃のあなたは、なんだったの？

夫が言いがちな返答

- そうかな？
- 昔と同じままのほうが変じゃない？
- お互い様だよ。

解説

「あの頃の優しい夫に戻ってほしい」という期待と、「もう無理なのかな」というあきらめの気持ちが入り混じったときに発する言葉。

結婚し、環境が変わり、そして子どもが生まれたりすれば子ども中心の生活になっていくし、当然夫婦の生活や会話などにも変化が生じてくることが想定されます。

そういった歴史を経て愛情が深まっていく夫婦もいれば、逆に少しずつ亀裂が深まってしまう夫婦もいます。

年齢や環境が変われば、人は自然に変わっていくと思われがちですが、人間そう簡単に「本質」は変わりません。もしあなたが昔、妻に対して〝本気の〟思いやりで接していたのだとすれば、それこそが「本質」でしょう。

しかし今は、その本質が発揮されていない残念な状態なのかもしれません。妻は、「夫の心が離れてしまった」と感じているのかも。

これ以上、誤解されたまま過ごすと取り返しがつかなくなる可能性があります。どうか早めに〝本気の〟思いやりを伝えてあげてください。

こじらせない返答例

家族を思う気持ちは変わらないよ。立場や責任があるから辛いんだ。

家族を守るために必死だった。寂しい思いをさせてゴメン。

【妻ことば】

夫婦ってなんだろうね。
私とアナタって、いったい何？

超訳

夫婦って、いったいなんだろう。一人でいるよりも夫と一緒にいるほうが寂しく感じる。これまで夢中に仕事や家事、育児に頑張ってきたけど、なんか報われないっていうか、「私の人生これでいいのかな？」って、真面目に考えてる。

夫が言いがちな返答

- 考えたことなかった。
- 急にどうしたの？
- なんだろうね。

解説

夫婦の信頼関係が崩れてしまったと感じたときや、これまでとは違う生き方に挑戦してみたくなったときに独り言のように呟く言葉。

「夫婦って何？」と問われたら、あなたならなんと答えますか？

このような言葉を発する妻は、今後あなたと生涯を共にすることの〝メリット〟を必死に探しています。

その答えが明確になったとき、妻の横にあなたは存在するでしょうか？

この機会に、ぜひ〝夫婦のあり方〟を見直してみてください。

ところで、「夫婦っていいな」と、お互いに思える夫婦関係ってどんな夫婦でしょう？

どんなことを話し、どんなことを楽しみ、どんなふうに妻を喜ばせ、どんなふうに老いていく夫婦でありたいですか？

大切な妻に、これまであなたはどんな思いや優しさを与えてきましたか？

それは妻の心に届いていますか？

こじらせない返答例

人生の半分以上を一緒に共有できる唯一無二の尊い存在。

一番愛しているのに、一番思いが伝わりにくい存在。

【妻ことば】

たまには計画してよ。
また私が全部やるの？

超訳

旅行の計画を立てるのも、飛行機や新幹線、ホテルの手配やレストランの予約をするのもいつも私。自分では何も動こうとしないのに、文句やダメ出しだけはするから一緒に出かけるのがホント憂鬱《ゆううつ》……。

夫が言いがちな返答

- 僕が決めると文句言うでしょ？
- そういうの得意でしょ？
- 忙しいからムリ。

解説 家族のイベントの計画や手配を妻任せにしている夫に、誠実さや頼もしさを感じられず、ウンザリした妻が発する言葉。

独身の頃は積極的に旅行やデートのプランを立てて妻を喜ばせていた人は多いでしょう。

以前、離婚相談にいらっしゃった女性から、「旅先のレンタカーの手配も運転も私に任せ、夫は助手席で寝てばかりいたことが今でも許せない」というお話を聞いたことがあります。

どうでしょう？　旅行や外食の計画くらい自ら買って出ることはできませんか？


そんなささやかなことで妻や子どもが喜んでくれて、頼もしい夫、カッコいいパパだと思ってくれるなら安いもんじゃありませんか？

このようなケースで妻が機嫌を損ねるのは、「夫が楽をしているから」というだけでなく、「気遣いや感謝の言葉がない」ということが大きな原因だったりします。

妻に一任したとしても、フォローしながら気持ちよく妻が進められるような働きかけをするなど、上手に立ち振る舞うことを忘れないようにしましょう。

こじらせない返答例

わかった。とびっきりのプランを立てるから楽しみにしていて！

今回は僕がいろいろ調べてみるから、何か希望があったら言って！

【妻ことば】

忘年会があるんだけど、やめておいたほうがいい？

同窓会があるんだけど、行っちゃダメ？

超訳

たまには気兼ねなく外出したいな。私が出かけると機嫌が悪くなるから、今回も反対されたり嫌みを言われたりするかも。まったく家事や育児をしない夫だから、私が留守にすると困るだろうし……、あ〜、快く送り出してくれる夫がいる家庭が羨ましい。

夫が言いがちな返答

- 行くなら家のことやってからにして。
- 子どもたちどうすんの？
- いつ？

解説 日常の家事、育児のほとんどを担っている妻や、専業主婦の妻がダメ元で夫に確認するときに言いがちな言葉。

とやかく言わずに気持ちよく送り出してあげることができる夫であれば、その後の夫婦関係が良好にいきやすいのに……。

まず、このように遠慮がちに「やめておいたほうがいい？」という言い方をするのは、「夫に任せて出かけるのは不安」と思っているか、普段から夫に出かけることを〝反対されている妻〟か、いつも夫が出かけることに〝反対している妻〟である可能性が高いです。

信頼関係が築けている夫婦は、本人が出かけること〝前提〟で話が進みます。

「やめておいたほうがいい？」→「うん。そうだね」→「やっぱり、そうだよね……。じゃあ断るね」と、ならないような対応ができる夫婦関係になれたら、今後お互い窮屈なルールに縛られずに済むのにと思ってしまいます。

お互いのQOL（生活、人生の質）を高めるためにも、もっと自由な関係を目指しましょう。

こじらせない返答例

行ってくればいいじゃん！　家のことは僕がやっておくから。

こっちは気にしないで行っておいでよ！　たまには楽しんできな。

【妻ことば】

お帰り。今日は、ずいぶん遅かったね。

最近、帰りが遅いよね？

超訳

毎日帰りが遅いけど、身体大丈夫なの？　何も言ってくれないから心配。残業じゃないなら、せめて子どもが起きている時間までに帰ってきてくれたらありがたいんだけどなぁ。毎日これじゃあ「ゆっくり話したい」と言うのも気が引けちゃうよ。

夫が言いがちな返答

- ちょっと、いろいろあって。
- 疲れたから寝る。
- 仕事だからしょうがないよ。

解説

「遅かったね」＝「もっと早く帰ってきて」という本音が隠されている言葉。

今の時代は、ほとんどの人がスマホを持っているので、ＬＩＮＥや電話で帰宅時間などを妻に連絡している人も多いことでしょう。

でも、なかには帰宅するのを苦痛に感じていて、仕事が定時に終わっても、書店やゲームセンターなどで時間を潰してから帰宅する夫もいます。

もしそのような状態なのであれば、精神的に少し疲れている可能性があります。妻との関係性にもよりますが、早めに打ち明けて改善策を一緒に考えてください。

ですが、ただ単に家事や育児から逃げているのであれば、待っている妻は心配もするし、イライラもするでしょうから、愚痴が増えるだけですよ。

帰宅時間に厳しい妻の〝妻ことば〟は、「夫との時間を増やしたい」「話を聞いてほしい」「育児に協力してほしい」という要望や不安から発せられるものがほとんどです。

こじらせない返答例

一人で大変だったでしょ。子どもたち大丈夫だった？　ありがとね。

トラブルで連絡できる状況じゃなくて……、申し訳ない。

【妻ことば】

一人っ子よりも兄弟がいたほうがいいと思わない？

（子どもの名前）が、兄弟が欲しいって。

超訳

そろそろ二人目が欲しいけど、夫はどう思っているのかな？　私の年齢のこともあるし、子どももつくるなら早いほうがいいんだけど……、反対されたり協力してくれなかったりしたらどうしよう。

夫が言いがちな返答

- そうだよね〜。
- 二人目かぁ……。
- 前向きに考えてみるよ。

解説 二人目の子どもが欲しいと思っているが、夫に言い出しにくいときに遠回しに言う言葉。

二人目の子どもが欲しいと強く思っていても、その気持ちをハッキリ伝えることに抵抗がある妻もいます。

夫の気持ちを探るような問い掛けをしてみたり、現在いる〝子どもの願い〟という体《てい》で、自分の願いを伝える手法を取ったりすることもあります。

夫婦であっても、すべてのビジョンや意見が一致しているとはかぎりません。それは子どものことだけでなく、マイホームや老後のライフスタイルなどでも言えること。

でも、夫婦の意見が割れることも「想定内」として、そうなったときに「どのような話し合いができるか」が重要なのです。

愛情をかけて育てる覚悟があれば生まれてくる子どもも幸せでしょう。

夫婦間で時間をかけて話し合い、幸福を実感できる自分たち流の〝家族のカタチ〟をつくり上げてください。

こじらせない返答例

僕も同じこと思ってた。一緒に、よく考えていこう。

そうだよね。（子どもの名前）に兄弟ができたらきっと喜ぶね！

【妻ことば】

どこからが浮気だと思う？
あなたが思う「浮気の定義」は？

超訳

私の「浮気の定義」は、異性と二人きりで食事に行くこと！　私とあなたの思う定義が一致していれば安心だけれど、まさか違うの!?　でも、私が「浮気」と判断したら、それは浮気だから覚えておいてね！

夫が言いがちな返答

- 〜したら浮気じゃない？
- （妻の名前）は、どう思ってるの？

解説 夫の価値観を確認し、不倫や浮気に進展させないための「テスト」と「答え合わせ」です。

ＳＮＳ上でもよく話題に挙がる「どこからが浮気か？」問題。

慰謝料請求の裁判などでは、民法で明示されている「不貞行為」の有無が結果を左右します。

しかし、日常の何気ない会話の中で飛び交う「浮気」は、人によって認識が異なるため、夫婦間で揉める原因となることも多々あります。

夫婦間で「浮気の定義」を共有することや一致させておくことは、相手の安心感をもたらすと同時に、自身の浮ついた心の戒めにもなるでしょう。

ですが異性とはいえ、結婚前から交流している仲間や友達もいるでしょうから、相手の人間関係を何でもかんでも制限しすぎるのはお勧めできません。厳しすぎるルールは、浮気以外の問題も引き起こしやすいのです。

「自分には無縁」と、呑気《のんき》に構えていないで、現在無縁だからこそ、いま夫婦で話せる話題でもあることをお忘れなく。

こじらせない返答例

隠れて男とLINEしたり、二人で飲んだりするのは浮気を疑うね。

昼間でも内緒で、二人で出かけたりするのは嫌だな。

【妻ことば】

○日は何の日か覚えてる？

来週の○曜日、忘れてないよね？

超訳

まさか、子どもの誕生日を忘れてるわけないよね？　いちおうひと声かけておこう。前もって言っておけば、予定を入れずに空けておいてくれるよね？　ここまで言っても何もしてくれなかったら救いようがないわ。

夫が言いがちな返答

- もしかして仕事かも。
- あっ!!
- 別の日に変更できない？

解説

子どもの誕生日や結婚記念日など、家族の記念日を「憶えている」ことや「時間をとってくれる」ことを〝愛情のバロメーター〟としてとらえている妻が言いがちな言葉。

記念日を憶えているかどうかで愛情の深さを決めつけるのは極端ですが、特に子どもが小さいうちは記念日にこだわる妻は多く、「うっかりしてた！」なんてことになったら、冗談でも笑えない仕打ちが待っていたりします。

また、逆に「記念日を忘れている妻」や「あまり気にしない妻」もいますが、とはいえ「何もしなくていい」と、当たり前のように思われているとしたら話は別です。

「以前、うちの妻は誕生日を祝ってもらうのは〝気恥ずかしい〟って言ってたから、それから何もしてない」と、都合のいい解釈をしてしまう夫もいますが、それは〝妻ことば〟を読み間違えていますよ！

正確に翻訳すると、それは「恥ずかしいけど大歓迎」という意味です。いくつになっても「おめでとう」の言葉や、プレゼントは嬉しいものなのです。

こじらせない返答例

もちろんだよ。（子どもの名前）の誕生日だよね！

結婚記念日だよね。当日は会議だから、週末に食事に行こう。

【妻ことば】

信じてるからね。

大丈夫だよね？

超訳

も〜、不安だらけ！　でも、あなたは家族を裏切らない人だと信じたい。だからもうウソはつかないで。私と子どもを裏切ったら許さないから！

夫が言いがちな返答

- 大袈裟だよ〜。
- わかってるよ。
- 急にどうしたの？

解説

「信じている」＝「（不安だけど）信じたい」ということ。

妻が夫に言う「信じてる」は、わかりやすく言うと「裏切ったら次はないよ」という意味か「健闘を祈る」という意味で使われたりします。

これまでに家族問題になるような過ちを犯したことがない夫に対して、妻がドラマのセリフのように「信じてる」と言葉に出すことは、まずありません。せいぜい心の中で思う程度です。

したがって、妻に「信じてる」と言葉に出して言われた夫は、よほど妻に「信用されていない」と思ったほうがいいでしょう。

「信じてる」と〝言われているうちが華〟なのかもしれません。妻は、また夫に裏切られるんじゃないかと不安なのです。心から安心したいのです。

このケースにかぎらず、「妻に口うるさく言われなくなった！　ラッキー！」と喜んでいる夫がいるとしたら、それは嵐の前の静けさかもしれません。

言葉と行動で安心感を与えてあげてくださいね。

こじらせない返答例

心配しなくていいよ。やましいことは絶対ないから安心して。

大丈夫だよ。それだけ信じてくれている人を裏切れるわけない。

【妻ことば】

頼んでいた○○、してくれた？

○○は終わったの？

超訳

とりあえず、やることをやってくれたらそれでいいんだけど、それもできてないときがあるから確認せずにはいられないのよね。ついでに、○○もやってくれていたら嬉しいんだけど、そこまで期待できないか……。

夫が言いがちな返答

- 今からやるところ。
- オレがやるの？
- まだ。

解説

次の段階に向けての作業や予定をスムーズに遂行できるか否かを確認するための言葉がけ。

妻の頭の中は、常に夫より最低でも〝5工程〟くらい先を読んだスケジューリングがされていると思っておいたほうがいいでしょう。

職場を一歩出たら、帰宅後の〝脳内シミュレーション〟が始まり、段取りの確認スタート。

必死に冷蔵庫内の残像を思い浮かべて、卵の残りは何個だったか？　牛乳はあったか？　と記憶をたぐり寄せ、スーパーに寄るか否かを考えながら、子どものお迎えへと猛ダッシュ。

結果、卵と牛乳は買ったものの、肝心な朝食のパンを買い忘れ、その悔しさと、好き勝手する子どもと闘いながら、着替える間もなく次の作業に取りかかる。

妻は、仕事人間の夫が使わない脳内回路を自在に使いこなす「すごい人」なのです。

それなのに頼んでおいたことを、いとも簡単に忘れる夫……。怒りを抑えつつ、臨機応変に予定を組み換える妻。

妻の無言の不機嫌はこうして作られるのです。

こじらせない返答例

やったよ～。○○も気になったから片付けておいた！

ちょっとまだ手が空かなくて……、あと10分以内に取りかかるよ。

【妻ことば】

私のことなんてどうでもいいと思ってるんでしょ？

どうせ、バカですよ。

超訳

どうして、そうやって否定的なことばかり言うの？　「そうだよね」って共感してくれたことなんてないよね？　もう少し優しい言葉をかけてくれてもいいじゃない！　私を貶めてなんの得があるの？　もっと大事にしてよ……。

夫が言いがちな返答

- そんなこと言ってないじゃん。
- どうしてそうなるの？
- また始まった。

解説

「寂しい」「悲しい」「虚《むな》しい」「もっと大事にしてほしい」という気持ちの裏返しとして発せられやすい言葉。

妻がこの言葉を発したときは、「そんなこと思ったこともないよ！」と、全力で否定されることを期待しています。「夫にとって私は特別な存在」と確信して安心したいのです。

でも、夫の言動はいつも真逆。無口になったり、わざと憎まれ口をたたいたり、ときにはモラハラか？　と思わせる冷ややかな言葉を浴びせたり……。

「私のことなんて、どうでもいいと思ってるんでしょ！」なんて、まるで不倫関係の〝愛人〟が吐くような言葉を妻の口から言わせるなんて、普段から妻にどんな態度で接しているのか、だいたい想像がついてしまいます。

もしかして妻が極度の心配性か、超ネガティブ人間なのかもしれませんが、それならそれで、それなりの方法で事前に〝手を打つ〟べきです。とにかく、今の妻の心は孤独です。もっとスキンシップを増やして自分と妻の認識のズレを修正してあげてください。

こじらせない返答例

とんでもない！（妻の名前）ちゃんは僕にとって大切な存在だよ。

そんなこと思ってないよ！　口下手だから上手く言えないだけだよ。

【妻ことば】

あ〜、時間がない。

することがありすぎて時間が足りない。

超訳

なぜ、この状況を察してくれないの？　ちょっとは一緒にやってくれたり、気の利いた言葉をかけてくれたりすると嬉しいのに。何もしないでいられる神経が逆にスゴイわ！

夫が言いがちな返答

- それ、今やる必要ある？
- 言ってくれたら手伝うよ。
- 効率悪すぎ。

解説

タスクを抱え込みすぎてプチパニックになったときや、周りの人に助けてもらいたいときに言いがちな言葉。

特に締め切りが決まっているわけではないのに、どうやらどんな家庭にも妻だけが知り得る〝妻時間〟があるようです。また、妻しか見ることができない〝妻時計〟も持っているとかいないとか……。

そのくらい毎日時間に追われている妻が多く、側にいる夫はいつ爆弾が落とされるかと気が気ではありません。

このまま〝置物〟と化してジッとしていても居心地が悪く、かといってリビングに山盛りになっている洗濯物をたたみ始めると「もっと他にやることあるでしょ！」と難題を突き付けられ、ソロリと元の〝置物〟状態に戻ってしまう夫。

そんな状況を防ぐためにも、普段からもっと能動的な自分をアピールしていく必要があるでしょう。

「後でやれば？」と言い放つ夫がいますが、なら今すぐ妻をサポートしてください。

こじらせない返答例

いったん、落ち着こ。僕が～をしておくから他にあったら言って。

一人で抱え込まないで、一緒にやろうよ。

なぜ夫は妻を褒めないのか？

日本の男性は、なぜ女性を褒めないのか……。いや、もとい。なぜ、日本の男性は〝結婚〟すると〝妻を〟褒めないのか？

もちろん、結婚しても毎日妻が照れるくらい褒めちぎる夫もいないこともないけれども、それにしても日本の既婚男性は〝妻を〟褒めない人が多すぎると感じます。〝妻〟のことは褒めないのに、女性社員や飲み屋の女性のことは褒めたりしているから、これまた不思議です。

妻以外の女性を「褒めることができる」ということは、「褒め方のスキルがない」とか「語彙力がない」とか、そういうことではないんですよね？　では、なぜ？

以下、知り合いのAさん（50代）とBさん（30代）との会話です。

Aさん：いろいろとやってくれるから妻には感謝してるけど、特別に「褒める」って意識したことないし、夫婦ならお互い様じゃない？

Bさん：うちも、そうっすね。結婚するまでは「嫌われないようにしよう」とかっていう気持ちがあったから、なるべく褒めたり、おだてたりして気を遣っていましたね。

私：どうして結婚したら奥さんを褒めないの？

Aさん：褒めないっていうわけじゃないけど、特別に〝褒めるところ〟がないからね。
Bさん：そうそう。「どこを褒めたらいいの？」って感じ。
私：AさんもBさんも、なんの問題もなく仕事に専念できるのは、ほとんど奥さんが家のことをやってくれているからじゃないんですか？　何か特別なことをしないと人は褒められる資格がないってこと？
Aさん：そんなことはないよ！　確かに、妻のおかげだよ。でも、仮に今日から褒めたとしても、これまで褒めたりしてこなかった自分が、帰ってからいきなり妻を褒め始めるって、なんか変じゃない？
Bさん：逆に怪しまれそう。
私：そりゃー、いきなり取って付けたかのように褒められたら違和感ありますよ！
二人：じゃあ、どうしたらいいの？
私：じゃあ、お訊きしますが、奥さんを褒めるとしたら、どんなふうに褒める？
Aさん：う～ん、「いつもありがとう」とか、「今日も綺麗だね」とか？
Bさん：最近、髪型変えたんで「その髪型似合うね」とか……、なんだろ？　思いつかない。
私：お二人、「褒める」に対して、難しく考えすぎですよ！「褒める」って、「綺麗だね」とか「かわいいね」とか「愛してるよ」とか、「～が素敵だね」とかでなくてもいいんですよ。
二人：え？　そうなの？
私：そうですよー！　「褒める」じゃなく「ねぎらう」です！　「お疲れ様」とか「疲れてない？」とか「いつも頑張ってるよね～」とか。もちろん、「ありがとう」は、もうマストですよ！
Bさん：え？　そんな感じでいいんすか!?　なんか、一気にハードルが下がりました！
Aさん：なるほどね～。〝ねぎらいの言葉〟でいいんだね。それなら言えそうだな。
私：そう。まずは、ねぎらいの言葉のシャワーを浴びせてください（笑）。

てなわけで、既婚男性二人に、簡単ではありましたが「褒め（ねぎらい）のレクチャー」をして、早速この日から実践する約束をしていただきました。

長期的に良好な夫婦関係を維持していくためには、習慣化して〝継続〟していくことが大事です。

「褒める」と聞くと、何らかの成果をあげた人を「評価する」というイメージを持っている人や、持ち物や容姿を褒めなければいけないと思い込んでいる人も少なくありません。

それに対し「ねぎらう」は、評価など関係なく、〝いつでも〟どんな人に対しても気持ちを届けることができるのです。

第3章

「スルーすると危険系」妻ことば

日常の鬱憤も、気づかぬうちに深刻な事態に……

妻のモヤモヤはやがてイライラに。
聞き流すか善処するかで、あなたの未来が変わる。
小さいほころびは小さいうちに！

【妻ことば】

○年前も同じこと言ってたよね？

確かこの前も～だったよね？

超訳

デジャブ？　前にも同じようなことがあったよね？　なのに、どうして忘れるの？　なぜ繰り返すの？　何も変わらないし変えようとしないのはなぜ？　つまり、私や子どものことは大事じゃないってことなのかな？

夫が言いがちな返答

- そうだっけ？
- あのときは、あのときだよ。
- 覚えてない。

解説　同じようなミスを何度も繰り返したり、約束事を何度も破られたりしたときに、過去にも同様のことがあったことを確認するために発する言葉。

「〜する」と約束したはずなのに、まるでなかったことのような展開になっているとすれば、それは家族として不安になったり腹が立ったりするのは当然かもしれません。なぜなら、妻は「期待している」から。

なかには、妻から用事を頼まれたり話しかけられたりすると、〝怖さ〟が先に立って反射的に「YES」の返答をしてしまう夫もいます。

しかし、そのYESは自分で考えて出した答えではないため、夫の記憶に残りにくく、頭からスッポリ抜け落ちてしまうのです。

妻からの〝頼まれごと〟は、何でも構わず引き受けるのではなく、「確実にできること」は確実に、「できないこと」は、なぜできないのか、どんなことならできるのか、を明確に伝えましょう。往々にして妻たちは、同じミスを繰り返したり、同じことを何度も訊かれたりすると、途端にイライラし出しますから。

こじらせない返答例

忘れっぽくって、ホントごめん！　早急に対策を考えるね！

これからは同じことを繰り返さないように、メモして貼っておきます。

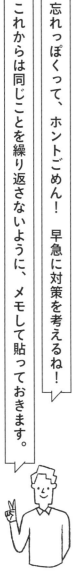

【妻ことば】

もっと痩せたほうがいいと思うよ。

タバコやめたほうがいいいんじゃない？

超訳

こっちは心配して言ってるのに、なんでわかってくれないのかな。少しは真剣に受け止めてほしい。今のままの生活習慣じゃ長生きできないよ。自分はいいかもしれないけど、少しは家族の身にもなってよ。

夫が言いがちな返答

- わかってるよ。
- そのうちね。
- そう言われると余計にやる気が失せる。

解説 聞き流されやすい言葉ですが、その後の対応や態度によっては離婚の根源にもなる侮れない言葉。

「～したほうがいいと思うよ」＝「してください」です。

一見、何気ない指摘や提案に思っても、妻にとっては「ものすごく気になっていること」だったりします。「気になる」ということは、それだけ〝ストレス〟なのです。

実際によくある離婚問題は、このような何気ない言葉のやりとりや会話の積み重ねから生じる不満を放置した結果起こるのです。大事なので、要約して再度言います。「妻の不満を放置すると離婚問題にまで進展します」。

はじめは本当に心配して言っていたことでも、何度言っても聞いてくれないとなれば、心配ではなく「憎しみ」に変化することも珍しいことではありません。

このような何気ない妻の言葉を聞き流すか、すぐに改善に努めるか、それは自分次第ですが、どうか真面目に受け止めていただければと思います。

こじらせない返答例

このままだとマズイよね。ジム行こうかな。

どうにかしたいけど。一人だと挫折しそうだから協力してほしいな。

【妻ことば】

いつでも飲みに行けていいよね。

また飲み会？

飲み会多くない？

超訳

私の気持ちも考えず自分の都合だけで飲みに行くのはやめてほしい。「飲みに行かないで」と言ってるわけじゃない。私も同じように安心して飲みに行ったり食事に行ったりしたいから、あなたの家事育児レベルをもっと上げてほしいって言いたいの。

夫が言いがちな返答

- 自分も飲みに行きなよ。
- 早く帰ってくるよ。
- 飲みに行くなってこと？

解説

自由への不平等感を感じたときに妻が口にしやすい言葉。

「飲みに行かないでほしい」と思っているわけではなく、「飲みに行くなら～してほしい」という意味で使う言葉。

実際には、当日に突然飲みに誘われるケースもあるでしょう。そうなったときでも「妻が快く承諾してくれるような行いが普段からできているかどうか」ということが、険悪にならないために大事なのです。

特に小さな子どもがいるうちは、仕事帰りにちょっと寄り道するのもままならないこともあるでしょう。ですが、そんな束の間の時間もお互いに必要です。

そのためにも普段からの夫婦の連携や相手への気遣いは重要なのです。

仕事も大変、育児も大変ですが、「どっちが大変か？」の答えは、比較基準が明確ではないので比べようがありません。そもそも〝家庭運営〟は、そういう問題ではないということです。

近年は飲み会を規制している会社もあるので、そのぶん家族の時間を作りやすいですね。

こじらせない返答例

来週は僕が（子どもの名前）を見てるから、ゆっくりしてきて。

負担かけちゃってゴメンね。途中、連絡入れるよ。

【妻ことば】

うん、大丈夫。

私は大丈夫。

超訳

大丈夫って言ったけど本当はぜんぜん大丈夫じゃないよ。自分から「大丈夫じゃない」なんて言えるわけないじゃん。そういうところ、もっと気付いてほしい。私は、あなたが思ってるほど強い女性じゃないのよ。

夫が言いがちな返答

- よかった！　安心した。
- それならいいんだけど。
- (妻の名前) は強いからね。

解説　実際には大丈夫でなくても、夫に心配かけまいと妻がよく使う言葉。「大丈夫？」と訊かれると反射的に言ってしまう言葉。

「大丈夫？」→「大丈夫です」が、セットになっているのは日本人特有なのか？　それとも世界共通なのか？

「大丈夫？」と訊かれて「ダメです」「大丈夫じゃない」と答えたら、自分の気持ちに素直に従ったにもかかわらず「わがまま」「被害者面している」と言われてしまいそうで、決して大丈夫なんかじゃないのに「大丈夫」と答えてしまうのかもしれません。

そのため夫婦間でも、相手が「大丈夫」と答えると何も疑わずに信じてしまいます。

このような夫婦間の何気ないやりとりから、後々「あのとき、あなたは～だった」と積年の恨みを晴らすかの如く、何年間にも渡り妻から言われ続けることが実際にあります。

基本は、妻の「大丈夫」を真に受けないこと。

そして、無理や我慢をしなくてもいいように、日頃からお互いに弱音を吐きやすい雰囲気づくりを意識しておくといいでしょう。

こじらせない返答例

大丈夫じゃないときは「大丈夫じゃない」って言っていいんだよ。

（妻の名前）が大丈夫でも、このままだと心配で僕が大丈夫じゃないよ。

【妻ことば】

友達のご主人は、料理担当なんだって。

町内会の集まり、男性ばっかりだった。

超訳

他の人が羨ましい。どうして、うちの夫は協力的じゃないんだろ。他のお宅を見習って同じようにしてくれたら助かるんだけど……、ここまで言っても察しない夫と今後も一緒に生活するのしんどい。

夫が言いがちな返答

- ふ〜ん、そうなんだ。
- へ〜、すごいね。
- ○○さんちは〜だからでしょ。

解説　ただの「報告」ではなく「あなたもそうしてほしい」という妻の願いが込められた言葉。

してほしいことがあるのに「～してほしい」とハッキリ言ってくれる妻は驚くほど少数で、いたとしても言い方がなぜかケンカ腰になってしまう人が多いのです。

でも、こういった妻の傾向をお伝えすることで、今後の言動や対策が変わる夫もいるかもしれないということを期待したいと思います。

また、「妻の地雷がわからない」「なぜ妻が怒っているのか意味不明」という状況がよくある人は、このような「他の人は～なんだって」という〝妻ことば〟を投げかけられたときに、軽く流したり無関心だったりする可能性が高いのかもしれません。

妻の言い方によっては、「他人と比べるのが気に入らない」と腹を立てる夫もいるかもしれませんが、妻の願望や不満の伝え方の「特徴」や「傾向」を押さえておくことで、無駄に腹を立てることも減り、ケンカも防ぐことができますよ。

こじらせない返答例

いつも任せっぱなしだったもんね。土日の夕飯は僕に任せて！

いつもありがとう。～だったら僕もできそうだから今度からやるね。

【妻ことば】

たまには一人でゆっくりしたい。

あなたは自分の時間が持てていいよね。

超訳

夫も子どもも気にせず、何も考えないでゆっくりできる自分だけの時間が欲しいけど、そんなささやかな望みも叶わないのが辛い。何も心配せず、一人で温泉にでも浸かって美味しいもの食べて、リフレッシュできたら最高なのに。

夫が言いがちな返答

- 気にしないでどこか行ってくれば？
- 一人で買い物とか行ってるじゃん！
- オレも自分の時間が欲しい。

解説 育児中の妻のストレスが高まったときに発せられる言葉。

妻が言う「一人の時間が欲しい」は、その辺に買い物に行ったりカフェでお茶したりする一人の時間ではありません。

朝に夫や子どもたちを起こして、朝食を作って、食べさせて、着替えさせて、送り出して、仕事に行く準備をして、バタバタと退社して、子どもをお迎えに行って、夕飯の買い物をして、食事の準備をして、食べさせて、お風呂に入れて、夫の夕飯を温め直して、やっと一息できるのは21時過ぎ……、なんていうのはザラ。

「こんな毎日から一日だけでも解放される日があったら、また頑張れるのに」という、決して贅沢ではない願いです。

小さな子どもがいると専業主婦であっても、一人でゆっくりする時間なんて取れません。

妻が安心して一人の時間を楽しむには、夫が家事育児を一通りできる状態でなければ現実的にかなり難しいということです。

どうか、もう少しだけ妻の日常に目を向けてみてください。

こじらせない返答例

（妻の名前）の大変さを体験したいから、今度ワンオペさせて。

おぅ、任せとけ！　ゆっくり出かけておいで。

【妻ことば】

子どもの誕生日どうする？

運動会どうするの？

超訳

子どもに関われるのは今だけだよ。私たち二人の子どもなんだから、仕事を理由にして私に丸投げしないで一緒に真剣に考えてほしい。子どもに寂しい思いをさせたら許さないから！

夫が言いがちな返答

- ～でいいんじゃない？
- わからない。
- 任せるよ。

解説 夫婦の会話の中で「絶対に無視したらいけない言葉ベスト3」に入る大事な問いかけ。

子どもが小さいうちの誕生日プレゼントや家族の食事会などは、もちろん子どものためではありますが、「夫・父親としての誠実さ」を確認するための〝妻にとっての大イベント〟でもあるのです。学校行事などの参加も同様です。

また、親の行事参加は、子どもにとっても愛情を実感できる嬉しい思い出として残ります。

仕事を頑張ってくれていることは、妻も子どもも十分理解はしていますが、一生のうちで何度もない運動会や参観日などは、定年退職してからでは参加したくてもできない行事であり、後悔しても遅いのです。

普段、子どもと関わる時間が短く、家のことを妻に任せきりにしているのであれば、せめて子どものことを相談されたときくらいは妻と同じ目線で一緒に考えてあげてください。

とにもかくにも家族優先であれば間違いありません。今しか経験できない貴重な子どものイベントを楽しみましょう。

こじらせない返答例

前に〜が欲しいって言ってたことがあるから○○にする？

運動会、行くよ！　今、スケジュール調整してるところ。

【妻ことば】

**最近仕事はどうなの？
忙しい？**

最近仕事はどんな感じ？

超訳

私から話しかけなかったら、夫と話す時間は皆無。とはいえ、私もなんと言って話しかけたらいいのかわからないのよね……。とりあえず最近の仕事の状況から訊いてみよう。

夫が言いがちな返答

- 普通だよ。
- 相変わらずだよ。
- ボチボチだねー。

解説

会話を楽しみたいときや話したいことがある場合に、本題に入るキッカケとして用いられやすい言葉。

「最近仕事はどう？」と訊かれても、言葉のまま受け止めて真面目に仕事の話をする必要はありません。仕事の話を長々とされても逆に妻は困ってしまいます。

妻が言う「最近仕事はどう？」は、居酒屋でよく言う「とりあえずビールで！」の〝とりあえず〟と同じような感覚なので、とりあえずチョロッと仕事の話に触れ、その後はたわいもない夫婦の会話を楽しんでください。

妻としては、本気で仕事の話を聞きたいわけではなく、もしかすると相談したいことがあるのかもしれません。

自分のことを話すよりも妻の話を〝聴く〟ことをメインで考えてあげたほうが夫婦関係は上手くいくでしょう。

夫婦で話をするとき、このようにいつも妻から話しかけられるパターンが多いですか？　もしそうなら、次は自分から話題を振って話すことを意識してみましょう。

こじらせない返答例

相変わらず毎日バタバタだよ。それより君のほうはどうなの？

いろいろあるよね。こうやってゆっくり夫婦で話すの久しぶりだね。

【妻ことば】

子どもたちが反抗的で手に負えない。

お隣さんに〜と言われて困ってる。

超訳

子どものこともご近所トラブルも私一人に押し付けて、あなたは他人事で〝いいとこ取り〟ばかり！　私だけが怒り役になってるから、子どもには舐められてるし。たまには、あなたからもキツく言ってよ！

夫が言いがちな返答

- 誰でも反抗期はあるよ。
- 後で言っておくから。
- 自分でなんとかできないの？

解説

妻一人では手に負えないことに対して夫の協力が不可欠ですが、肝心な夫が非協力的なときに助けを求める言葉。

子どもの躾や塾のこと、夫の親族、またはご近所さんとのトラブルなど、妻一人では対応しきれなかったり説得力に欠けたりすることも多々発生します。

そんなときは、頼もしい夫の出番のはずなのですが、お尻を叩かないとなかなか動いてくれない夫もいます。

何を言っても真剣に取り組んでくれない夫は当てにできず、妻一人で対応したり解決したりすることもしばしば。

でもやっぱり、この世の中は男性が〝出る〟と途端に解決してしまうことも少なくない現実をまざまざと見せつけられるのです。

昨今、いろんな場面で男女平等が謳われていますが、やはりまだ〝男性の威厳〟が必要なときがあるということです。

どうかこれからは面倒くさがらずに、必要なとき必要な場面で〝男性の威厳〟を発揮し、妻を助けてあげてください。

こじらせない返答例

時間を見つけて（子どもの名前）と話してみるから心配するな。

その件は今後、僕が対応するから、（妻の名前）は気にしなくていいよ。

【妻ことば】

本当に反省してるの？ 反省してないよね？

超訳

毎回、「反省してる」とは言うけれど、きっと早くこの場から立ち去りたくて反射的に言っているだけなんでしょ？　その証拠に数日後には、いつも同じようなことを繰り返して改善されてないし、ぜんぜん信用できない。

夫が言いがちな返答

- 反省してるよ。
- あれから反省して気を付けてるよ。

解説

「反省しているのか否か」を聞きたいのではなく、〝何をどう反省しているのか〟を確認したいときに口にする言葉。

誰にでも失敗や過ちを犯してしまうことはありますが、内容によっては何度も過ちを繰り返すことで大きな事故を招いてしまったりすることもあり、決して冗談では済まされない状況になってしまうこともあります。

妻が夫に反省を促すのは、失敗を認めさせることが目的ではなく、その行いによって本人や家族に起こり得る〝危機的状況〟を想定した上で発する言葉でもあるのです。

意地悪で言ったり責めたりしているわけでも、繰り返し反省の言葉を言ってほしいわけでもなく、本当に心配（不安）だから口うるさくなってしまうのです。

しかし、妻の特性や夫婦の状況によっては、夫や家族の今後のために反省を促すのではなく、ただ感情に任せて「責めたいだけ」という人もなかにはいます。

朝方まで説教が続いたりするケースなどは、深刻な夫婦問題が潜んでいる可能性もあります。

こじらせない返答例

傷つけちゃってゴメン。感情的になりすぎたことを反省してる。

反省してる。もう○○しないように、××することにしたよ。

【妻ことば】

医療保険（死亡保険）の見直しをしたいんだけど。

保険入らないの？

超訳

もし、あなたが突然亡くなったり働けなくなったりしたことを考えると不安で仕方がない。万が一のとき私と子どもは、どうやって生活していけばいいの？　もしものときを考えて、家族が路頭に迷わないように十分な保障がある保険に入ってほしい。

夫が言いがちな返答

- 保険なんて無駄じゃない？
- いま入っているので十分だよ。
- 貯金しておけばいいよ。

解説

「夫のもしも」を想定したお金の不安、将来の不安を払拭したいと思い発する言葉。「まだ若いし大きな病気もしたことがないから、今は死亡保険とか必要ない」と、保険に関して否定的にとらえている夫は多いかもしれません。

一般的に考えても若い人の死亡率は低いので、それも当然といえば当然です。ですが、妻はどう思っているのでしょう?

夫婦で話し合って決めたのなら問題はないのでしょう。でも案外、生命保険などの〝お金の問題〟を話し合えていない夫婦が多いのも事実です。

妻は、夫の「もしものとき」を想定して、早いうちから対策をしておきたいと考えている人がほとんどですが、いかんせん「死亡」「病気」「ケガ」などの縁起でもないキーワードを「夫婦でも言いづらい」と言う人が少なくないのです。

掛け金が高い保険にいくつも加入しているのも無駄が多くて不安。でも、保険が何もないほうが妻はもっと不安なのです。

大事なのは、もしものときの〝不安を持っている側〟の気持ちに寄り添ってあげることです。

こじらせない返答例

そうだね。この機会に一度全部見直してみようか。

僕にもしものことがあったら家族が大変だよね。いろいろ調べてみる。

【妻ことば】

なんか最近、臭うよ。

昨日の夜、お風呂入った？

超訳

食後のゲップ、オナラ、歯磨き後の「ガァー、ペッ！」。もう、汚いし、臭いし、気持ち悪い！　加齢臭がひどいのに、シャワーも浴びず歯も磨かずに寝てしまうから、ホント不潔！　夫には子どもを触らせたくない。

夫が言いがちな返答

- 臭い？
- 朝、シャワー浴びてるし！
- 潔癖すぎじゃない？

解説 加齢臭や清潔感に敏感な妻は多く、潔癖症でなくても気にする人は気にします。しかし、夫婦でも体臭や口臭などの〝臭い〟を指摘するのは躊躇しがち。
　そんななか「臭うよ」と口に出して言われたのだとしたら、かなり前から妻は気になっていたことなのでしょう。
　これ以上、妻や子どもにドン引きされないためには、朝昼晩、歯を磨き、寝るまでにはお風呂に入る、人前でオナラはしないなど、まずは当たり前のエチケットを当たり前にすること。

　体臭が気になるなら、デオドラント効果のある制汗剤や石鹸を使い、食事や下着の素材にも気を付けること。口臭が気になるのなら、迷わず歯医者へ。
　家族が不快に感じているにもかかわらず、何度言っても変わらない状態が続くと、最初は優しく注意を促していた妻もあきらめモードになってしまいます。「妻に何も言われなくなった」と安心している場合ではありません。夫婦関係は、何も言われなくなったら、かなり〝危ない状態〟だと認識してください。

こじらせない返答例

気付かなかったから言ってもらえて良かった。今後は意識するよ。

気を付けているんだけどなぁ。加齢臭出てる？　何かいい対策ある？

【妻ことば】

休みの日くらい家のことやって！

休みの日くらい子どもと遊んであげて。

超訳

どうしていつも指示待ちなの？　休日も寝てるかゲームしてるかだし、子どもにご飯食べさせたり、着替えさせたりするのも結局全部私だし！　たまに出かけても勝手に自由行動してるし、あなたは夫であり父親でもあるんだから、もっと自覚を持って行動して！

夫が言いがちな返答

- 休みの日くらいゆっくりさせてよ。
- オレだって休みたい。

解説

平日ほとんどワンオペの妻が夫の休日に言いがちな言葉。

「休日くらいゆっくりしたい」と思うのは、夫も妻も同じこと。

ですが、子どもの年齢によっては朝からバタバタなのは平日も休日も変わりません。

小さい子どもがいるのなら、たとえば歯磨きや着替えを手伝ったりご飯を食べさせたり、平日に妻がしていることを、休日は夫が引き受ければ、妻の睡眠時間が少し増えて寝不足も解消されるかもしれません。

妻の睡眠不足が解消されれば、気持ち的にも余裕が生まれ、イライラも減るでしょうし、夫への感謝の気持ちも高まります。

そういった思いやりの積み重ねが夫婦の連帯感につながり、良い相乗効果が生まれるのですが、お互いの主張をぶつけ合ってしまうだけの夫婦も少なくありません。

夫婦、家族は「同じチーム」だということを意識してください。

一緒に過ごす時間が長い休日こそ、日頃のチームワークが試されるのです。

こじらせない返答例

はい！　じゃあ、まずはトイレとお風呂の掃除から取りかかります！

今日の夕飯は僕が作るよ！　掃除したら子どもと買い物に行ってくる。

【妻ことば】

ちょっと、話があるんだけど。

子どもが寝たら、ちょっと話せる？

超訳

さんざん今まで言ってきたけど、うやむやにされてきたことを今日は真剣に話そうと思ってる。思っていること、言いたかったこと、全部、腹を割って話して、それでもどうにもならなかったら本気で次を考えなきゃ。

夫が言いがちな返答

- え？　なに？
- なんの話？
- 悪い話？

解説 真面目に話を聞いてもらいたいとき、問題の真剣度を伝えたいときに使う言葉。

これまでも普段の会話の中で言ってはきたものの、まったく伝わっていないことや実行されていないこと、もしくは軽く聞き流してほしくない話や深刻な話をしたいときなどにあえて使う言葉です。

この言葉を言われたときは、先延ばしにしたり、ふざけたりせず真摯に受け止めて対応しましょう。

話を聞くまではドキドキしっぱなしでしょうが、内容に関係なく間違っても「なんだ、そんな話？」などと声に出してはいけません。

むしろ、「妻が〝聞いてはしいと思っていること〟に気付いてあげられなかった」と恥ずべきなのかもしれません。

脅かすわけではないですが、場合によっては離婚や別居などの思ってもみない話が飛び出す可能性もあります。

夫婦関係が終了になるような深刻な話でないことを祈ります。

こじらせない返答例

なんだろう……、気になる。いつ話す？

わかった。家に帰るの○時くらいになるから、それからでもいい？

【妻ことば】

また買ったの!?

この間も買ってなかった?

超訳

自分のお小遣い内で買う分には構わないけど、どんどん夫の物が増えて部屋が狭くなってくるし、片付かないし、どうするつもり？　リビングを占領するのはやめてよ。高額な物を相談なしで買うのも絶対やめて！

夫が言いがちな返答

- うん。
- 自分の小遣いで買ってるし。
- これ、新作だから！

解説 後先考えず物を買ってくるため、収納場所や家計が心配になるときに発せられる言葉。

趣味を完全に禁止しようとは思っていないけれど、あまりにも高額な物や場所を取る物を相談なしに買ってきて、家族に迷惑をかけている状況なのであれば、妻も黙ってはいないでしょう。

爆弾が投下される前に、収納場所の整理、家計の見直し、妻の感情のケアを行うことをお勧めします。

なかには、自分専用の高級車をポンと買ってきたはいいですが、妻や子どもの洋服1枚を買うのにも嫌みを言う夫もいます。

そのような夫は、自分以外の家族の金銭的消費を徹底的に管理、制限する〝経済的ＤＶ〟と言われかねないので、極端に自分本位な消費はしないよう気を付けたほうがいいでしょう。

また、よくありがちなのが「自分の稼いだ金で買って何が悪い」という言い分です。言いたい気持ちもわからなくもないですが、それを主張して誰が幸せになるというのでしょう？

こじらせない返答例

「頑張って稼ごう」っていうモチベーションになってるから許して！

お小遣い貯めて、今度は（妻の名前）が欲しいもの買ってあげるね。

【妻ことば】

家族のこと気にならないの？

汚れてるけど気にならないの？

超訳

自分のことや仕事が優先で家族のことを蔑ろにしているけど、私や子どもがどんな思いでいるかわかってる？　私たちのことも気にかけてほしい。／いつもトイレを汚すけど、なんで気付かない？　なんで掃除しない？　もういい加減にしてほしいわ。

夫が言いがちな返答

- 気になるけど忙しいんだよ。
- どうしてほしいの？

解説　仕事や遊びで忙しく家庭を顧みない夫だと感じている妻が言いがちな言葉。

平日は帰宅時間が遅い夫。たまに早く帰ったときは妻も助かるし子どもも大喜び。でも、金曜日は飲み会、土曜日は昼過ぎまで寝ていて、日曜日はゴルフなんていう日が続くと、さすがに妻も「子どもと私のこと気にならないの！」と声を荒らげてしまうこともあるでしょう。

夫が毎日家族のために頑張ってくれていることは理解しているつもり。けれど、もしこんな状態が続いているのであれば不満が爆発するのは時間の問題です。

「気になっているけど何もしない人」は、面倒なことや難しいことを〝後回し〟にする癖がついていて、現実逃避している状態です。「このままではマズいな」と薄々気が付いているのに行動できない理由を自己分析してみましょう。

妻のＳＯＳを見て見ぬふりしたところで得することは何もありません。夫婦ゲンカどころではなくなってしまいますよ。妻と子どもを失ってでも今の自分のペースを崩したくないのか、現実的に考えてみるといいでしょう。

こじらせない返答例

不安にさせちゃってゴメン。仕事、調整してみるから。

気になってた……。すぐ掃除するね。

【妻ことば】

もういい！全部私が悪いんでしょ！

私が全部悪いって言いたいの？

超訳

あなたと話していると、全部私が悪いような言い方をされるから話し合いもできない。夫は口が立つし論点ズラシもお手の物だから、私は言いたいことの半分も言えない。どうして私がいつも悪者なのよ！

夫が言いがちな返答

- どうしてそうなるの？
- そんなこと言ってないよ。
- 感情的にならないでよ。

解説

理詰めの指摘をされて、長々と意見されたりすることを阻止するためや、「話してもムダ」と判断したときに発せられやすい言葉。「私が悪かった」と認める言葉ではありません。どちらかというと「自分は間違っていない」という気持ちを強く持っているからこそ発せられやすい言葉です。

これ以上自分が傷つかないようにするための妻なりの「自己防御策」でもあります。

ただ感情を理解してほしかっただけの妻に対して、夫が正論で詰めすぎたりすると、このような妻ことばが飛び出したりします。

丸く収めるためには、責めたような言い方はせず、気持ちに理解を示してあげることです。「悪者を決めるためのジャッジをしているわけではない」ということも穏やかに伝えてあげましょう。

また、妻の怒りが収まらないときは、決して同じテンションで応戦したり無視したりせず、時間をおいて謝るか、いつも通りの対応で接するようにしましょう。

こじらせない返答例

もっと気持ちを理解しようとするべきだった。ごめんね。

キツい言い方をして悪かった。少し落ち着いてからまた話そう。

【妻ことば】

いつも言い訳ばっかり。そんな話が通用すると思ってるの？

超訳

そうやって自分を守るための言い訳しかしないのはなんでなの？　まずは謝るのが先じゃないの？　〝謝ったら死ぬ病〟なの？　自分のことしか考えられないんだったら、一生独身でいればよかったんじゃない？

夫が言いがちな返答

- 言い訳じゃないよ。
- とりあえず聞いて！
- ウソじゃないよ。

解説 確認なしで勝手に行われたことに対して、理性よりも怒りが優位になったときに発せられやすい言葉。

　いくら説明しても妻にとって〝言い訳〟としか受け取ってもらえないのは、無責任なことをして「事後報告」で片付けようとしたり、「保身のため」ということが、ありありと感じられたりするからです。

　どんな言い分があろうとも、妻が激怒しているときは聞く耳をもってもらえません。まずは謝罪をしたほうが今後のためでしょう。夫は〝論理的な説明〟をしているつもりでも、妻にとってはすべてが「言い訳」にしか聞こえず、話せば話すほど深みにハマってしまう恐れがあるので、いったん仕切り直したほうがいいです。

　まず「伝える側」も「聞く側」も意識することは、「事実と感情を区別する」ことです。

　人は往々にして、事実も感情も妄想も一緒くたにして話したり受け取ったりしがちです。

　しかし、それでは自分も相手も混乱し、よからぬ方向へ話が進んでしまうことがあるので注意してください。

こじらせない返答例

言い訳にしか聞こえないよね。ゴメン。

本当に申し訳なかった。まずは、事実を話すから聞いてくれる？

【妻ことば】

じゃあ、好きにすれば？
勝手にすればいい。

超訳

どーしてそうなるの？　何を言っても聞かないし、なんでわかってくれないのよ。私の意見は聞かず、一方的に自分の意見を通そうとするし、好き放題じゃない！　そうするなら今後は私を頼らないで全部自分でやってよね。もう疲れる……。

夫が言いがちな返答

- うん。
- 好きにさせてもらうよ。
- そうやってすぐ怒る……。

解説

お互いの意見が食い違って両者とも譲らない場合、最終的に妻が発する引き際の捨てゼリフ。「話が噛み合わない」「いつまで経っても平行線のまま」と感じたときや、「議論や口論では夫に勝てない」と思った妻が言いがちな言葉です。

「好きにすれば？」と言っても、本心は「好き放題してほしくないし、勝手にしてほしくない」と思っています。でも、夫には口では勝てないし、引く気配もない。どうしようもなく絞り出した言葉が「じゃあ、好きにすれば？」。

どちらかが「どうしても譲れない」ということがあると、口論の末、このような展開になりやすい傾向があります。

自分の意見を通したいと思うのはお互い様。ですが少し立ち止まって、今後の長い結婚生活を想像してみてください。また同じようなことで揉める可能性はありませんか？

また同じようなことで口論になったら、今回と同様にあなたの意見を押し通すのですか？お互いの意見に耳を傾け、真ん中の丁度いい〝落とし所〟を探りましょう。

こじらせない返答例

僕が言いすぎた。お互いに納得できる答えを探そう。

ケンカしたくないし……、今回の件は、また後でってことで！

【妻ことば】

あなたは子どもに興味がないの？

子どものこと、かわいいと思わないの？

超訳

子どもの様子や学校のことなど何も聞いてこないし、関わろうとしないけど、あなたは子どもに興味がないの？　担任の先生の名前言える？　仲のいいお友達の名前、何人言える？　あの子が好きなアニメ、知ってる？

夫が言いがちな返答

- どうして？
- かわいいけどママのほうが好きみたいだから。

解説

子どもの成長を一緒に喜んだり悩んだり考えたりすることができていないと感じたときに発せられる言葉。

1日24時間、そのなかで子どもと接する時間はどのくらいあるのか？

「第5回 21世紀出生児縦断調査結果の概要」から見る「子育て感」の調査によると、「平日に子どもと一緒に過ごしている時間」は、「6時間以上：母54％、父1・6％」、「2～4時間未満：母14・6％、父28・7％」、「1時間以上～2時間未満：母2・6％、父23・5％」、「30分未満：母0・2％、父21・2％」（母総数3万8810人、父総数3万6733人）。

父と子が接する時間が圧倒的に短いのがわかります。そんな限られた時間のなかで、いつ、どんなふうに子どもと接する時間を捻出していくかを工夫し、真剣に取り組んでいく必要がありそうです。

見方を変えれば、〝働く妻〟が増えている時代だからこそ、パパが活躍できる時間を増やせるチャンスとも言えるでしょう。

こじらせない返答例

興味がないわけないよ。関われるのは、今だけだと思ってるし。

自分も、このままじゃいけないと思ってる。もっと時間を作るよ。

夫婦関係で「目標は高く」は間違い？

一般的には、「目標は高く持て」と言われていますよね。ですが、「夫婦関係」においては当てはまりません。

仕事や遊びのなかで目標を高く持つことはいいことだと思いますが、夫婦関係にはじめから高い目標を掲げたら、きっと心が折れまくって、ほとんどの人はメンタルが崩壊するんじゃないかと……。

というのも、結婚の上に成り立つ「夫婦関係」は、当然ですが〝自分だけ〟が一方的にコントロールできるものじゃないから。

自分の理想や目標が配偶者と一致するとはかぎらないし、たぶん皆さんも感じているように普段の何気ない会話のなかでさえも意見が食い違ったり、「ちょっと何を言ってるのかわからない」状態だったりするので、高い目標どころか、中くらいの目標さえクリアするまで長い道のりになることもあるのです。

「じゃあ、目標を立てないほうがいいのか？」というと、そういうことではありません。

簡単に説明すると、①「高い目標ではなく、〝目的〟を決める」→②「目的を達成するための〝小さな目標〟を立てる」→③「小さな目標をクリアしながら、目的達成を目指す」ということです。①〜③までを説明します。

①の「高い目標ではなく、〝目的〟を決める」ですが、目的の〝テーマ〟はいくつあっても構いません。たとえば、「夫婦関係」というテーマだとしたら、目的は↓「お互い穏やかな気持ちで過ごせる夫婦関係」としたり、テーマを「マイホーム」としたら、目的は↓「庭付き一戸建てを買う」などです。

次に②ですが、①で決めた目的に向けて「何をしたらいいか？」を考え、そのための〝小さな目標〟を決めます。

目的が「お互い穏やかな気持ちで過ごせる夫婦関係」の場合、その目的達成のための〝小さな目標〟は、たとえば↓「ケンカは翌日に持ち越さない」「ゴメンね、ありがとうの習慣化」「自分の価値観を押し付けない」など。

次に③の「小さな目標をクリアしながら、目的達成を目指す」ですが、夫婦間の「小さな目標」って、「ごめんね、ありがとうの習慣化」のように、ほとんどが〝生活の一部〟だということに気付きましたか？

要するに③では、日常生活のなかで感謝の気持ちを言葉にしたり、お互いを尊重したりするなど当たり前のことを続けていくことで、自分たちの「本来の目的」が達成しやすくなるということです。

なんだか、ややこしい話になってしまいましたが、言いたいことはシンプルです。

「本来の〝目的〟を忘れるな！」ということです！

column

「夫婦いつまでも仲良く」「穏やかな夫婦関係」というのが夫婦の本来の〝目的〟なのに、会話がない、無反応、非協力的、なんていう状況だったら、改めて「目的達成するために何をするべきか？」を考えてみてくださいね。

第4章

「強気発言系」妻ことば

黄色信号点滅中。欲しいのは誠意と本気の行動です！

本気で怒っていることを伝えようとしている言葉。
真摯に対応すれば修復可能。ここが大きな分岐点。

【妻ことば】

言いたいことがあるなら黙ってないで何か言ってよ。

すぐそうやって黙るよね。

超訳

黙ってたら話が進まないでしょ！ なんでもいいから、自分の思ってること言ったらどうなの？ まさか、何も考えてないわけないよね？ 自分の意見ないの？ 黙ってても何も解決しないよ？ これ以上、私をイライラさせないで。

夫が言いがちな返答

- ごめん。
- だって、言っても聞いてくれないじゃん。

解説 質問を投げかけても何も言わず黙ったままの夫に対して、痺《しび》れを切らして妻が発する言葉。

妻から質問や詰問をされて、夫が瞬時に答えられることがあるとするならば、それはたぶん〝逆ギレ〟の勢いで出た言葉くらいかも。

そう、それくらい夫は言いたいことを瞬時に言語化できない人が多いのです。

一方、妻は「黙ってないで何か言いなさいよ！」と口にしてから、夫の言葉を10秒も待てない人がほとんどです。

「いくらなんでも数秒じゃ言いたいこともまとめられないよ」と言いたくても、それすら言い出せない夫。

でも、これ以上妻を待たせて逆上させるわけにはいきません。さぁ、どうする!?

夫が出した結論は、蛇に睨まれたカエル状態で黙って固まるか、逆ギレするかです。

生き残るためには、「もう少し話したいことをまとめる時間が欲しい」とか、「今は、なんて言っていいかわからない」という正直な気持ちだけでも言葉にして伝えることです。

こじらせない返答例

今すぐには考えがまとまらないから、少し考える時間をちょうだい。

僕は～だと思う。だから、二人の間をとった落とし所を考えようよ。

【妻ことば】

怒らないから正直に全部話して。

正直に言えば怒らないから。

超訳
もう呆《あき》れて言葉もない。すべて白状させる！　ずっとウソをつき通せるとでも思ってるの？　本当のことを聞き出すまでは、絶対怒らないようにしなきゃ。その後は夫の〝姿勢〟次第。

夫が言いがちな返答

- 本当に怒らない？
- 怒るから言いたくない。
- もう全部話した。

解説 相手を安心させて真実を聞き出すために使う言葉。

ウソや隠しごとなどが発覚した際によく行われるのが、〝家庭内裁判〟です。

妻は、あるときには「刑事」、あるときには「検察官」、あるときには「裁判官」に変身します。

優しい口調で〝刑事〟の取り調べがスタートします。

「怒らないから話してみて」。容疑者である夫は、久しぶりに聞く穏やかな響きにつられ、ぽつりぽつりと自白し始めます。

そして、数時間後……、すべてを吐き出してスッキリとした夫が顔を上げると、そこには鬼の形相の〝検察官〟が！

「今まで何年間も家族を騙《だま》してきたってことだな！　もう録音したから！」

その後、起訴され被告人となった夫は、〝家庭内裁判〟で無期懲役が確定します。

こうして夫は、妻に一生頭が上がらない牢獄（結婚）生活を続けることになるのです……。ということになりませんように。

こじらせない返答例

誤解だよ。信じて！　本当に何もやましいことはしてないよ。

正直に全部話します。その後は、（妻の名前）の判断に任せます。

【妻ことば】

もう私は自由になりたい。私を解放して。

超訳

もうこれ以上あなたの顔色を窺《うかが》って気を遣ったり、お世話をしたりしたくない。これまであなたがしてきたように、私も自分のためだけに時間を使って、自分らしく生きたい。もう、あなたの母親や家政婦みたいな生活から抜け出したい。

夫が言いがちな返答

オレだって自由になりたいよ。
今だって自由じゃないの？

解説 離婚を匂わせるような言い方として使われる一方、人に左右されず自分のことだけ考えて行動したり判断したりする環境が欲しいと願う意味でも使われる言葉。

妻だけにかぎらず、結婚すると独身のときのような自由を確保し続けることは難しくなります。

「何をもって〝自由〟ととらえるのか？」にもよるでしょうが、たとえば家事も育児も子どもの学校のことも、町内会のことも親戚付き合いも何もかも妻任せでありながら、口出しだけはする。体調も精神状態も気遣ってくれない。

そんな人がパートナーなら、現状から逃げ出して「もっと自分のために時間を使いたい」と思うのも不思議ではありません。

「自由がない」と感じている妻は、日頃から家庭内での制限が厳しかったり、自分の意見を尊重してもらえなかったり、夫婦の不公平感に不満を抱いています。

夫が想像する以上に、現状へのストレスレベルが高い状態です。

こじらせない返答例

今まで無理をさせちゃってたんだね。ゴメンね。不満を全部聞かせて。

わかるように話して。たとえば「自由」って、どういうこと？

【妻ことば】

少し手伝っただけで家事をやった気にならないで！

いきなり〝父親面〟しないで。

超訳

家事や育児は、気が向いたときだけするものじゃないのよ？　あなたは、面倒なことや汚いことはやらないで楽なことを都合がいいときだけやってるだけでしょ？　たまにやっただけで「いつもやってる気」にならないでほしいわ！

夫が言いがちな返答

- そんなふうに思ってないよ。
- そんな言い方しなくても……。

解説 ほぼメインで家事や育児を担っている妻が、ポイント的な〝お手伝い〟をしたくらいで満足している夫を見たときに口にする言葉。

日頃の感謝の言葉もない、子どものオムツ替えや夜泣きの対応もしない、そのときの気分で部分的に掃除をしたり、子どもを1時間だけ公園に連れて行ったりしただけで〝イクメン面《づら》〟する夫に対して妻は無性に腹が立つのです。

なぜなら、多くの妻は「夫は、いいとこ取りだけしている」と感じるから。

つまり、わかりやすく言うと「上っツラだけやって育児を語ってるんじゃねーよ！」ということ。

現在、夫婦で家事育児の分担を決めている場合でも、ときどき見直したり、お互いの気持ちをすり合わせたりしていくことは必須です。

以前に決めた〝夫婦のルール〟が、現在の環境と合わなくなってきていることも多々あるので、確認し合いながら軌道修正していきましょう。

こじらせない返答例

そうだよね。いつも頑張ってくれてるのに感謝が足りなかった。

自己満足だったのかもしれない。今までゴメン。

【妻ことば】

ときどきあなたが他人に見える。

私が知ってる〝あなた〟じゃない。

超訳

私が愛した夫は、こんな言葉を吐く人だったっけ？ そんな冷たい目で見つめる人だったっけ？ 私と子どものことを一番に思ってくれる人じゃなかったの？ 今のあなたはどこか遠くの知らない人に見える。

夫が言いがちな返答

- ……（無言）
- は？
- どういう意味？

解説

過去に不倫などの裏切り行為で揉めたことがある夫婦や、夫の言動に愛情や思いやりを感じられなくなっている妻が発する言葉。

咄嗟《とっさ》に避けられたとき、無表情で冷たい目で見られたとき、話しかけてもぶっきら棒に返されたとき、そんなとき妻は目の前の夫のことを「この人、誰?」と思うのです。

以前の夫は、よく笑う優しい人だったはずなのに「あんなことさえなければ」と、過去の嫌な記憶と闘いながら、ふと冷静に夫を見つめるときがあるのです。

夫が「あれは終わったこと」と平然と過ごしている毎日は、もしかすると夫以上に妻の気持ちが冷めていっている時間なのかもしれません。

過去に修羅場があってもなくても、〝夫婦〟でいることをあきらめていないのなら、たとえ無言の時間でも穏やかさが漂う雰囲気づくりをしてください。

理想は、もっと会話を増やし言葉と行動で愛情を表すことですが、難しいならまずは強張った顔の筋肉をゆるめる練習をしましょう。

こじらせない返答例

え? そんなこと言わないでよ。悲しくなるー!

そんなはずないでしょ。どうしてそう思うの?

【妻ことば】

引っ越したい。

（別居して）私たち家族だけで住みたい。

超訳

義母がイヤでイヤで仕方がない。このまま同居（近居）は耐えられない。あなたは自分の親だからいいけど、私にとっては〝ただの他人〟。ずっとこのまま環境を変えようとしないのなら、私は離婚したい。

夫が言いがちな返答

- なんで？
- 引っ越すお金がない。
- 今は無理だよ。

解説 義理の親との同居や近居が原因で、妻のストレスレベルが我慢の限界を超えたときに発しやすい言葉。

夫の親とはいえ、これまで何の接点もなかった人たちと生活することは、妻にとっても親にとっても大変なストレスとなります。

ですが、実の親以上に義理の親と仲が良い妻もいますし、環境や立場上、本心を隠して表面上だけ上手く付き合っている妻もいますし、様々です。

そのなかで夫が気遣うべき点は、同居や近居に対する〝妻のストレスレベル〟です。

「うちの妻は、そんなこと気にしていない」と自信を持って言えるのは、妻の気持ちを直接確認して、日頃から気遣ってあげている夫だけです。

特に完全同居の場合は逃げ場がないため、嫁姑関係がさらに悪化し、その連鎖によって夫婦関係も険悪になる可能性が高まります。

妻が同居や近居の不満を口にすることが増えたと感じたら、話に耳を傾け、解決に向けて行動する意思を示してください。

こじらせない返答例

もう少し気持ちを聞かせて。引っ越す以外の解決案は何もない？

そっか。（妻の名前）と子どもたちがそうしたいなら、引っ越そうか。

【妻ことば】

それって、どういう意味？

何それ？

超訳

いや、いや！　それ、アンタが言う？　自分を棚に上げて何言ってんの？　相変わらず自分勝手なことばかり言ってて呆れる。そんな話、聞いてないし！　勝手に決めつけないでほしいんだけど！

夫が言いがちな返答

- どういう意味と言われても。
- だから、～ということだよ。
- もういい！

解説

言っている意味が純粋にわからないときの他、突拍子もないことや、受け入れがたい発言をされたときなどに思わず聞き返してしまう言葉。夫から理不尽なことを言われたり、「自分都合で勝手なことばかり言ってる」と妻が感じたりしたとき、自分の解釈を確認する意味で投げかける言葉です。

話したり伝えたりすることが苦手な夫の場合は、言葉を省略しすぎて、自分の意図とは違った意味で妻に伝わっていることも考えられるので、誤解がないように丁寧な説明を心がけてください。

また、男性に多く見られる傾向として、言葉に出さず頭で考えて自分の中だけで結論を出したり、物事を完結したりすることがあります。

もし、あなたがそのタイプだった場合、経過をまったく知らせていない妻に、いきなり結論だけ言ってもすんなり受け入れてもらうことは簡単ではないでしょう。その内容が、家族に関わることだとしたらなおさらです。

日頃から夫婦間の〝報・連・相〟をお忘れなく。

こじらせない返答例

あ、言葉足らずだったね。つまり○○ということなんだ。

僕が思ったことなんだけど、ちょっと聞いてくれる？

【妻ことば】

あなたは、どうしたいの？

いったい、何がしたいの？

超訳

あれも嫌だ、これもダメ。じゃあ、どうしたいのか聞かせてよ。聞いても言わないって、子どもじゃないんだからいい加減にして！／は？「家族は手放さないけど、自分は勝手に生きたい」ってことなの？

夫が言いがちな返答

- そこまで考えたことない。
- わからない。
- 怒らないで聞いてくれる？

解説 いったい、何がしたいのか？　何を考えているのか？　要領を得ないときに相手から言葉を引き出すため使われる言葉。

結婚生活の長さと夫婦お互いの理解度が一致すれば、それに越したことはありませんが、残念ながらそう上手い具合にはいかないようです。

何度も耳にしたことがあるかと思いますが、身近な関係性であっても「言葉」で伝え合わなければ心を通わせることはできないのです。

でも、「どうしたいの？」と訊かれても、上手く言葉にできないときもあるでしょう。

そんなときは、黙ったままだったり、うやむやにしたりすると、妻の機嫌はますます悪くなる一方です。まずは、その時点での正直な気持ちを言葉にしてみましょう。

上手く話そうと思わなくてもいいのです。

日頃から自分の意思や考えを伝えるコミュニケーションは、夫婦関係において重要です。

自分の意見を押し切ってはいけませんが、夫婦ゲンカではなく「議論」をして着地点を決めることは、人間社会において至極当然のことです。

こじらせない返答例

今は何が最適解かわからない。もう少し考えてから話をさせて。

僕は〜をしたいと思っているんだけど、（妻の名前）はどう思う？

【妻ことば】

私はあなたの何なの？

私のこと何だと思ってるの？

超訳

何もかも全部私任せ。座っていれば食事が自動で出てくるとでも思ってる？ 清潔なシーツで寝られるのは誰のおかげ？ 冷蔵庫に飲み物があるのは誰のおかげ？ 毎月貯金ができるのは、私も働いているからよ。私は、あなたの母親でも家政婦でもない！

夫が言いがちな返答

- 何って言われても……。
- 急にどうしたの？
- じゃあ、オレは何なの？

解説

自分は「妻」であるはずなのに、夫に母親や家政婦のような扱いをされていると感じたときに発する言葉。

「夫」「妻」「夫婦」のあり方は、夫婦それぞれの価値観を尊重し合って、互いが納得できるスタイルに作り上げていくものです。

しかし、右も左もわからない新婚当初に作り上げた生活のスタイルを「変えない夫婦」「変わらない夫婦」が多いのは、とても不自然なことだと感じます。

環境や年齢などによって夫婦それぞれの状況や価値観も変化していきます。つまり、何が言いたいのかというと、その都度「夫婦のあり方」は、〝軌道修正〟していく必要があるということ。

新婚当初は、「妻が家事をするのが当たり前」という認識で成り立っていたとしても、今は現状の見直しが必要な時期なのかもしれません。

また、考えようによっては、「私はあなたの何なの？」と言葉に出して言ってくれる妻は〝親切〟なのかも。その〝妻ことば〟の重みに気付くか気付かないかは夫次第ですが、何も言わず残酷な結論を出す妻もいますから。

こじらせない返答例

そんなことを言わせてしまうなんて情けない夫だよね。申し訳ない。

いつも「ありがとう」と思ってたけど言えずにいた。甘えててごめん。

【妻ことば】

またそうやって逃げるつもり？

いつも逃げてばっかり。

超訳

私はお互いの考えや気持ちを確認したり意見をすり合わせたりしたいだけなのに、なんでそうやってすぐに自分の殻に閉じこもるの？　自分に都合の悪いことを言われても、逆ギレしたり逃げたりしないで最後まで向き合ってよ。

夫が言いがちな返答

- ……（無言）
- 別に逃げてないよ。
- 話してもムダ。

解説

答えや意見を求めても何も返答がない、話し合う時間をとってくれないなど、向き合ってくれないと感じたときに使う言葉。

妻から「逃げないで」と言われたことがあるのなら、そのときあなたは妻が投げかけた課題に対して真摯に向き合わなかったということかもしれません。

もし、妻に強く責められ、萎縮して思うように言葉が出てこない場合は、「少し時間をちょうだい」「もう少し穏やかに話して」など、そのときの気持ちを口にするだけで「逃げている」と受け取られにくくなります。もちろん、後に自分なりの回答を伝えることが前提です。「逃げている」と思われてしまう理由は、「話し合う時間をつくらない」「すぐ大声をあげる」「話の途中で席を立つ」などが挙げられます。

また、なかには「逃すものか」と言わんばかりに地の果てまで追いかけてきそうな、やや面倒な妻もいますが、そのような人は執着心やこだわりが異常に強かったり、精神的な疾患があったりする可能性もあります。身の危険を感じたら早めに離れるようにしてください。

こじらせない返答例

今は上手く言葉にできないから、もう少し整理する時間が欲しい。

逃げてるわけじゃなくて、話の要点がよくわからないんだよね……。

【妻ことば】

まだ洗い物してないの？
まだ支払いしてないの？
まだ連絡してないの？

超訳

いつになったら～してくれるの？　なんの報告もなしに待ってるのはストレスなんですけど！　私から確認しないと、いつまで経っても行動しないし、ホント いい加減なんだから！　そういうところ、直してよ。

夫が言いがちな返答

- もう少ししたらやるよ。
- 言われると余計やりたくない。
- 今やろうと思ってた。

解説 いつまで経っても行動してくれない夫に痺れを切らして言う言葉。

「すぐやる」なのか？　「10分後にやる」なのか？　「今週中にやる」なのか？

「やる」と宣言したのなら「いつやるか」もセットで伝えたほうがトラブルになりにくいのですが、それができる夫はあまりいません。

夫が〝やるやる詐欺〟の常習犯の場合、妻にすべての負担がのしかかります。

面倒な揉めごとを避けたいのであれば、なるべく揉めごとにならないように、事前対策として「お風呂から出たらやるね」「明日、資料を確認してから連絡するね」など、一言加えることを心がけましょう。その一言で、妻のストレスはだいぶ軽減されます。

平穏な夫婦関係を望むなら、一年に一度だけお金と時間をかけて何か特別なことをするよりも、ほんのわずかな気遣いの積み重ねを続けていくことに重点をおいてください。

お互い、一切の不満をなくすことは難しいですが、「元他人同士が一緒に暮らす」ということを甘く見てはいけません。

こじらせない返答例

はい。5分以内に取り掛かります！

今週中には必ず〜するから心配しなくて大丈夫だよ。

【妻ことば】

また実家に行ってたの？

そんなにお母さんがいいなら二人で暮らせば？

超訳

それって、マザコンじゃない？ 親が大事なのはわかるけど、あなたは私の夫で、子どもの父親だっていうことわかってる？ いつまでも母親の言いなりになってないで、まずは私たち家族のことを優先して考えて！

夫が言いがちな返答

- 用事があったから行っただけだよ。
- 自分だって実家に行くじゃん！

解説 独身気分のまま頻繁に実家に帰ったり、頼ったりしている夫に妻が呆れて言いがちな言葉。

夫は親の戸籍から抜け、妻と新たな戸籍を作り、婚姻関係にある身です。にもかかわらず、頻繁に母親にＬＩＮＥしたりする夫もいて、〝母親依存症〟や〝マザコン〟のような言動に振り回されている妻も少なくありません。

もちろん、自分の実家に行くことや母親と会うことは悪いことではありません。

ですが、妻が呆れるほど頻繁なのであれば、少し考え直したほうがトラブルは避けられるでしょう。

当然、夫なりの言い分もあるかと思います。ならば妻に具体的に説明して話し合ったり、母親と妻の対応に差を付けずに接したりするなどの対策をしましょう。

また、妻に「何が許せて、何が許せないのか」を明確にしてもらうことで、改善案が見えてくるかもしれません。

間違っても自分の意見を強引に押し通したり、妻の不満を放置したりしないように。

こじらせない返答例

母親を無視することもできないから僕もどうしたらいいか悩んでる。

ゴメン。実家とは程よい距離感を保てるようにするよ。

【妻ことば】

仕事と家族どっちが大事なの？

あなたは家族より仕事をとるのね。

超訳

仕事が大変なのはわかる。でも、今のあなたは家族を雑に扱いすぎ！　仕事を理由にすれば何をしてもいいと思ってるの？　子どもと関わる時間も取ろうとしないし、家族をなんだと思ってるの？

夫が言いがちな返答

- 家族は大事だけど、仕事しなきゃ生活できないよ。
- どっちも大事。

解説 仕事を言い訳にされると何も言えなくなる妻は多く、我慢に我慢を重ねた結果、発せられる言葉。

仕事上どうにもできないことは妻も理解しているので、必ずしも夫に今以上の家事や育児を求めているわけではありません。

多くの妻たちは、〝物理的〟に何かしてほしいということよりも、自分が毎日家族のためにやっていることを当たり前のように思ってほしくない、そこをスルーしてほしくない、気遣う言葉一つでもいいから言ってほしいという〝心理的フォロー〟を求めていることが多いのです。

心理的に満たされていない妻は、物理的な部分での不満も高まり、芋づる式にヅルヅルと過去の不満も引き出されてくるという仕組みです。

また、結婚後も「仕事」と称した飲み会が減らず、なかなか独身気分が抜けない夫の目を覚まさせたいと思っている妻も少なくありません。

「仕事と家族どっちが大事？」という質問に対しては、ド真面目にどちらか一方を選んで答える必要はありません。

妻は〝気持ち〟をわかってほしいのです。

こじらせない返答例

そんな質問をさせて本当に申し訳ない。働き方を見直してみるよ。

いつも家のことやってくれて感謝してる。いろいろ我慢させてゴメン。

【妻ことば】

私のこと何もわかろうとしてくれないよね。

なんでわかってくれないの？

超訳

未だに私が好きなものも嫌いなものも覚えてくれないし、話しかけてもスマホから目を離さないし……、もう私に興味もないんだね。一方的に意見を押し付けられるだけだから、話し合いもできない。夫には「尊重」という概念がない。

夫が言いがちな返答

- 何をわかってほしいわけ？
- どうすればいいの？
- 言ってくれないとわからないし。

解説

「尊重されず、否定ばかりされる」「話を聞いてもらえない」と、日々感じている妻が、心情を理解してもらおうと発する言葉。

これまで何度も夫に自分の気持ちをわかってもらおうと、優しく話しかけてみたり、怒りをぶつけてみたりしてきたはず。

しかし、共感も尊重もなく、寄り添おうともしてくれない夫との生活に意味を見出せなくなって、〝あきらめ半分、期待半分〟で絞り出す言葉です。

「妻の話は長いだけで意味不明」「何をわかってほしいのかわからない」と思っている夫も少なくないと思いますが、要は妻が話す内容に〝共感〟して〝リアクション〟してほしいのです。必ずしも話を完全に理解することを求めているわけではありません。

妻のみならず、往々にして女性の気持ちは複雑です。

まずは、その気持ちに気付いてあげられなかったことを認め、今後は具体的に言葉に出して伝え合うようにしましょう。

こじらせない返答例

そんなことないよ。もっと（妻の名前）のことを知りたいよ。

これからは、もっと夫婦の会話もスキンシップも増やしていこう！

【妻ことば】

あのときのこと許してないから。

過去のことを許したわけじゃないから。

超訳

あんな酷いことをされてボロボロに傷ついているのに、あなただけ何事もなかったようにしていることに腹が立って仕方がない。私の笑顔を返してほしい。一生許されると思うな！

- わかってる。
- ゴメン。
- いつまで言われなきゃいけないんだよ……。

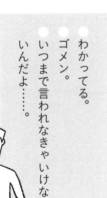

解説

過去にした裏切り行為や暴言を忘れたかのような振る舞いをした夫に対して妻が言う言葉。

特に、以前に不倫をしたことがあり、現在は再構築中の夫婦の間でよく耳にしやすい言葉です。

実際に口に出して言わない妻もいますが、心の中ではほぼ全員が持っている感情と言っても過言ではありません。

一度でも不倫をして揉めたことがあるのなら、「許してもらおう」なんて甘い考えは持たないことです。それだけ不倫は相手の心をズタズタにします。

数十年経っても突然過去の話を蒸し返され、泣いたりわめいたり怒鳴られたりすることもあります。それが「不倫の代償」というものです。

ただ、一つ言えることは、同居を続行し「再構築」を選んだ妻でも、「許す」か「許さない」かという気持ちが行ったり来たりして葛藤していることが多いということです。

まずはその苦しみや辛さを全部受け止める覚悟で接しましょう。

こじらせない返答例

苦しめちゃってごめんね。一生許されるなんて思っていないよ。

今でも本当に申し訳なく思ってる。全部受け止めるから。

【妻ことば】

私に聞かないで自分で考えて動いて！

なんでも聞けばいいと思っているところがイヤ。

超訳

何度も言ってるはずなのに、すぐに忘れるし何も考えないで人に聞けばいいと思っている態度がイヤ！　覚えようとしないのは、いつも他人事だからでしょ？　あなたの頭は何のために付いてるの？　〝飾り〟なの？

夫が言いがちな返答

- 言ってくれなきゃわからないよ。
- 勝手にやったら怒るでしょ？

解説 人任せにしていると感じたときや受動的な態度に辟易したときに言いがちな言葉。

世の中は、「男女平等」「夫婦は対等」という価値観になってきてはいるものの、常に「男らしさ」「女らしさ」は互いに求めていることが多いです。

そして結婚後は、「男らしさ女らしさ」を残しつつ「夫として」「妻として」が加わり、それぞれの役割が求められます。

とはいえ、「対等」も外せない。そこで、妻も外で働き、夫も家事をするというスタイルが一般化してきました。

しかし面白いのは「夫の家事・育児能力が一向に上がらない」ということ。

家事・育児能力の向上には「想像力」「判断力」、そして「行動力」が求められるわけで……。

でもなぜか夫は、それらの能力を使い渋り、妻に丸投げするのです。「対等」はどこへ？

「自分で考えて」と言う妻は、夫に家事も育児も〝自分ごと〟として行動し、覚えて、習慣化してほしいのです。

こじらせない返答例

わかった。（妻の名前）が○○してる間に、僕は～しておくね。

先に洗い物しちゃうね。（妻の名前）は、ゆっくりしてて！

【妻ことば】

どうせまた口だけでしょ？

どうせ無理よ。

超訳

また始まった。どうせまた口だけだし、何をしても長続きしないんだから。本気にしたらこっちが振り回されるだけ。話半分で聞いておこう。たまには本気のところ見せてよ。

夫が言いがちな返答

- 今度は絶対大丈夫！
- その言い方、やる気なくすわ。
- もっとプラスのこと言えない？

解説

「いい加減な人」「口だけの人」という〝レッテル〟を貼り、夫の言葉をまったく信用していない妻が、鼻で笑いながら吐き捨てるように言う言葉。

これまで何度も、「酒はやめる」「借金しない」「海外旅行に連れて行く」という夫の言葉を信じては裏切られ、それでも薄～い希望にかけてきた妻。

でもやっぱり裏切られ、尻拭いをさせられ、ブンブン振り回される激しい人生を駆け抜けてきた妻にとって、もはや夫の大ボラや、たわごとは、鼻クソ程度の扱いです。

結婚当初、「応援するから！」と言ってくれた妻は、今は何処へ。

とはいえ、「どうせ口だけ」と吐き捨てながらも、〝1ミリ〟くらいの期待はしているものです。

その〝1ミリ〟の期待を裏切らないためにも、次は「有言実行」しかありません。妻はきっと頑張って努力する夫の姿が見たいのです。

ぜひ、「いい加減な人」「口だけの人」という〝レッテル〟を挽回すべく、一発逆転のチャンスを摑んでください。

こじらせない返答例

最後のチャンスだと思って、一から頑張ってみるよ！

結果はどうであれ、挑戦してみる。応援してほしい。

【妻ことば】

だから「予約したほうがいいよ」って言ったのに。

だから私が言ったでしょ。

超訳

どうしていつもそうなの？　段取りが悪すぎるのよ。人気店なのに予約してないなんて信じられない。もっと想像力を働かせてよ。いつも準備不足でこうなるのよね～。昨日も「大丈夫なの？」って確認したのに……。

夫が言いがちな返答

- そうだね……。
- わかったから黙って。
- そんなに怒らないでよ。

解説

助言や提案をしたにもかかわらず妻の意見に反した行動をとった夫に対し、自分の正当性を知らしめたいときに使われる言葉。「まぁ、仕方ない」で終わらせようと思えば終わらせられることも、近しい関係ほど一筋縄ではいかないものです。

「だから私が言ったじゃない」と言われれば「そうだね」や「ごめん」としか言いようがありませんが、しつこく何度も責められたり文句を言い続けられたりすると、声を荒らげたくなる気持ちもわからないでもありません。誰だってミスはありますから。

仮に、妻が友人との間でこのような場面に出くわしたとしたら、「だから私が言ったじゃない！」という言い方は、おそらくしないでしょう。

夫婦同士、お互いの〝甘え〟もあり、言いたいことをズバズバ言ったり言われたりすることもあるかと思いますが、ケンカにならないようにするためには「言う側」はもちろん、「言われた側」の〝答え方〟によっても大きく違ってきます。

こじらせない返答例

ごめんね〜！（妻の名前）の言う通りだったね。

失敗した〜、でも大丈夫！　こんなときのために次の手は考えてある。

【妻ことば】

微熱でしょ？　大袈裟！

寝てれば治るよ。

超訳

私が39度超えの熱で苦しんでいたときは何もしてくれなかったのに、自分は微熱程度で大騒ぎって、なんなの？　大袈裟すぎ！　微熱で体調悪いアピールされてもウザいだけ。食欲あるんだから大丈夫でしょ。

夫が言いがちな返答

- 具合が悪くて死にそう。
- 何かの病気かも！
- もっと優しくしてよ～。

解説 自分の体調が悪いときだけ大騒ぎする夫を冷ややかな目で見つめる妻が言いがちな言葉。

痛みに強いか弱いかや、我慢強いかそうでないかは人それぞれです。

でも、ちょっとの傷や体調不良でも大騒ぎして、妻に〝構ってちゃん〟をアピールする夫が多いという話をよく聞きます。

明らかに風邪だと診断されても「こんなに咳が出るのは肺ガンかもしれない」と、妻に大学病院の検査予約をするように頼んだり（結果、肺はキレイ）、食欲はあるのでいつも通り食事を作れば「病人に、こんな消化の悪いものを食わせる気か！」と怒り出したりする夫も実際にいるのです。

夫が体調不良をアピールし始めると子ども以上に手がかかることがあるので、妻にとってはある意味〝恐怖〟でもあります。

いざというとき妻に甲斐甲斐しく看病してほしいのなら、日頃から妻の体調にも気を配ってあげてくださいね。

こじらせない返答例

手間かけさせちゃってゴメン。できれば何か作ってくれたら嬉しい。

身体中ダルくて……、申し訳ないけど今日は家事、任せちゃっていい？

column

「結婚すると女性は強くなる」は本当か？

「結婚すると女性は強くなる」って、よく言われてるじゃないですか？　あれ、「ウソ」ですよ！　だって、女性は〝結婚しなくても〟強くなりますもの。

Aさん：「え？　だって、うちの妻、結婚する前はオレに何も意見しないおとなしい女性だったけど、結婚したら変わっちゃったよ！」

えーと、それはですね、〝結婚したから変わった〟んじゃなくて結婚するまでネコ一〇匹くらい被ってたの！　女性は、結婚するまでが勝負なんですから。今の妻が〝素の妻〟なんですよ。

Bさん：「うちの会社の独身女性は、みんな守ってあげたくなるような、か弱い感じだけど？」

いやいやいや、ちょっと待ってくださいよ。Bさんは、その女性たちとどのくらい〝深い関係〟なんですか？　〝人生について〟語り合ったこととかあるんですか？

まぁ、こんな感じで「〝結婚すると〟女性は強くなる」という都市伝説的なことを信じている男性も多いようですが、基本的に女性は〝元から〟いろんな意味で強いのです。というか、「ズ太い」のです。

誤解のないように言っておきますが、「強い」＝「悪い」でありません。

男性に比べて腕力や体力がない（弱い）わけですから、他の部分で強くなきゃ生き残っていけません。

ファミレスやカフェ、バスや電車の車内、百貨店のバーゲンセール会場……、見てください。どれだけ女性が〝幅をきかせている〟か、わかるでしょ？

まぁ、かく言う私もいちおう〝女性枠〟なのですが、同性から見ても「女は強い」と思いますもの。

ただでさえ強い女性ですから、そこへ「子」ができれば最強になるわけです。命がけで産んだ我が子ですから、命がけで守ろうとするのは当たり前です。

ただ困ったことに、「守ろう」とする力が強すぎるあまり、味方であるはずの「夫」にも敵対心が湧き起こり、まるで悪魔に憑依されたかのように攻撃してしまうことがあるということ。

「生物学的な本能」と言えばそれまでですが、その「本能」だったとしても、今後の家事育児要員として夫を大事にしてキープしておいたほうが〝お得〟ではないかと思うのですが……。

現実は「責める」「怒鳴る」「絡む」などのオンパレードの妻もいます。

余りの激しさに、怯《おび》えて〝貝〟になってしまう夫もいますが、実はコレ、妻から見ると「現実から逃げている！」「何も考えていない！」という結論になります。

でも、きっと何も考えていないわけじゃなくて、殻に閉じこもりながら頭の中に文字は浮かんでいるんですよね。

ただ、妻が求める時間内に「言語化できないだけ」なんですよ。ね？　そうでしょ？

でも、この状況を理解してくれる妻は決して多くはありません。

だからこそ、「別居も離婚もしたくない」と思うのなら、とやかく言わずに「ごめんなさい」しちゃったほうが身のためだったりします。

その場で、ツラツラ言い訳しても、事情を説明しても、おだてても、おちゃらけても、決して望んだ結果にはならないから。

第5章

「限界発言系」妻ことば

もうムリ！
どうしてわかってくれないの？

「怒り」「悲しみ」「あきらめ」が入り交じった言葉。
すでに決断は妻に委ねられているかも!?
「時すでに遅し」にならないように、今すぐできること。

【妻ことば】

私ばっかり責めないでよ！
そういう責めるような言い方しないで。

超訳

どうして私が全部悪いみたいな言い方をするの？　大きい声で、そんな怒った言い方されると怖いから余計に何も話せなくなる。あなたは、「話し合い」って言うけど、それは話し合いではなくて〝押し付け〟だよ。

夫が言いがちな返答

- 別に責めてないよ。
- そんなこと言ったら何も話ができないよ。

解説

「否定されている」「理詰めにされている」と感じたときに、「責められている」と受け取ってしまうことがあるため、それを阻止するときに言いがちな言葉。

決して責めているつもりではないのに、言い方や声の大きさによって威圧感を感じ、「責められている」と受け取ってしまう人もいます。

仮に妻が100パーセント悪かったとしても、言い合いを続けて何かが解決するとは考えにくいので、声のトーンを落として冷静に話すなり、日を変えて話し合うなりしたほうが賢明です。

なかには、都合が悪いことを言われると「責められた」と、逆に理不尽に責めてくる妻もいるのですが、そんなときは決して同じ土俵に乗らないように意識して、穏やかに淡々と話をするようにしてください。

ですが、妻が「責められている」と〝感じていること〟は事実なわけです。そのことについては真摯に受け止めてあげてください。

「僕は（が）〜だ」と自分を主語として伝える言い方をすると、相手は「責められている」と感じにくいという効果がありますよ。

こじらせない返答例

責めてるわけじゃないんだよ。もう少し詳しく聞きたいだけなんだ。

僕の言い方が悪かった。キツく言いすぎたね。

【妻ことば】

しばらく実家に帰ることにしたから。
ちょっと離れて考えたい。

超訳

一緒にいたくないし、顔も見たくない。すぐキレるし、冷静に話もできない状態だから、このままだと子どもにも悪影響。夫が反省して謝るまで帰らないつもりだし、最悪な状況も考えなきゃ。

夫が言いがちな返答

- なんで?
- いつ帰ってくる?
- 子どもは置いて行け。

解説　自分の気持ちを整理したいとき、一緒にいてもお互いを傷つけ合ってしまうと思われるとき、夫に反省を促したいときなどに妻が言いがちな言葉。
　夫婦ゲンカの後に、テレビドラマのような「実家に帰らせていただきます」なんて、わざわざ言い残す妻はほとんどいません。何も言わず家を出るか、せいぜい置き手紙を残すくらいでしょう。
　子どもが小さいほど一緒に連れて出る確率は高まります。

　長い期間、夫婦関係が険悪だった場合は、離婚を覚悟し、子どもの転校先などの準備を済ませた上で突然姿を消すことも珍しくありません。もし現在、「妻の口数が明らかに減った」と感じているなら、思っているよりも事態は深刻かもしれません。
　また、実際に実家に帰ってしまったとしたら、しつこく帰宅をせがんだり、そのまま放置したりせず、謝罪するなり体調を気遣うなり、何らかの連絡を取って迎えに行くタイミングを図ってください。

こじらせない返答例

僕も少し頭を冷やすよ。実家には後で迎えに行く。

申し訳なかった。二度とこんなことがないようにするから。

【妻ことば】

怖いから何も言えない。
あなたが怖い。

超訳

威圧的な態度で話されたり、大きな声を出されたりすると怖くて何も言えない。どうしてそうやっていつもケンカ腰なの？　普通に話ができないの？　別に、勝ち負けを決めたいわけじゃないし、ケンカをしたいわけでもないのに……。

夫が言いがちな返答

- 何が怖いの？
- じゃあ、どうすればいいの？
- もともと声がデカいから仕方ない。

解説　直接暴力を振るわれたことがなくても、声の大きさや態度などの威圧感で恐怖を感じたときに発する言葉。

どんなシチュエーションかにもよりますが、正論で理詰めにされたり、言葉を発しなくても体の大きな夫が近寄ってきたりするだけで「怖い」と感じる妻もいます。

また、言葉や態度には出さなくとも、夫の存在そのものが怖いと感じる人もいます。

一度強烈な恐怖心を抱いてしまうと、たとえ夫が優しい言葉をかけたとしても「怖い」という感覚が頭の片隅に記憶されているため、取り除くことが非常に困難になってきます。

よって、修復の考え方としては、「元通りの夫婦関係」ではなく、「これまでとは違った新たな夫婦関係を構築する」という認識で取り組んだほうがいいでしょう。

ですが、妻の心身の状態や、夫に対する感情や意思によっては、今後の夫婦関係を継続できるか否かを、客観的に判断する必要があるでしょう。

こじらせない返答例

怒ってないし、責めてもないよ。どうしたらいいか教えて。

怖かったよね。急に近づいたりしないから安心して。

【妻ことば】

ちょっと、もう無理。

私、もう限界。

超訳

もう、あなたと生活していくの無理だわ。これ以上、自分を騙しながら一緒にいる意味ないいって思うし、お互いに辛いでしょ。感謝はしてる。でも、私は次の人生を考えていきたい。ただ正直な気持ち、離婚すると経済的に不安なのが悩みどころ……。

夫が言いがちな返答

- どういう意味？
- 何が限界なの？
- ……（無言）

解説 結婚生活を続けることに「限界」（無理）を感じたときに発する言葉。

結婚当初は、困難を一緒に乗り越えていきたいと、お互いに思っていたことは事実なのでしょうが、現在、妻が「もう無理、限界」と感じているのも紛れもない事実だということ。

ですが、「もう限界」と口にする妻であっても、修復や再構築ができる可能性はゼロではありません。

なぜなら、本気で〝夫婦関係終了〟とするなら、「もう限界」などと言葉にすることなく静かに〝シャッター〟を下ろしてしまう人がほとんどだからです。

ところで、妻のあなたへの不満や不安はどんなことなのでしょう? 想像ではなく実際に確認したことはありますか? 妻の不満や不安を知らなければ改善のしようがありません。

また、これまでどのような改善案を提示し、実行してきましたか?

今までの自分の言動や妻への対応を丁寧に見返し、謝罪すべき点は謝罪し、できることは早急に実行してください。

こじらせない返答例

一度、お互い腹を割ってちゃんと話さない?

これまで我慢してたこと全部吐き出していいよ。

【妻ことば】

あなたは、もう何もしなくていいから。

お願いだから何もしないで。

超訳

手の込んだ料理を作って台所を汚すのではなく、何も作らなくていいから、今は子どもをあやしててよ。あなたが何かすると私の負担が増えて余計にイライラするから、もう何もしないでほしい。何かするなら、お手伝い気分じゃなくて毎日動いてよ。

夫が言いがちな返答

- 何か手伝うよ。
- 何もしなかったら怒るでしょ。
- わかった、もう何もしない！

解説

自分の思い通りに家事や育児が進まないことで大きなストレスを抱え、夫のすることすべてに嫌悪感を抱いている妻が言いがちな言葉。

「もう何もしないでいい」と言われても、本当に何もしなければ、後になって10倍、100倍になって返ってくるでしょう。妻の言葉を真に受けてはいけません。

この言葉を言われる夫は、普段から家事育児に積極的に関わっている人が多い傾向があるのですが、いかんせん〝空回り〟しているのが惜しいところです。

一度「怒りモード」になった妻はなかなか手強いので、余計なことはせず静かに妻の行動を観察しましょう。

そしてタイミングを見て、サッと助けてあげられるように「反射神経」と「想像力」を働かせてください。

また、あなたの力や優しさを上手に発揮し、スムーズな連携プレーを行うためにも、前もって妻に「優先的にしてほしい家事、育児は何か」をある程度確認しておくといいでしょう。

こじらせない返答例

そんなの無理だよ。とりあえず（子どもの名前）を寝かせてくるね。

何か気に障ったことがあったなら話してほしいな。

【妻ことば】

あなたはもう何も変わらないよ。

あなたは一生変わらない。

超訳

結婚してから状況に合わせて変えてきたのは私だけで、あなたは独身気分のままで何一つ変えようとしてこなかったよね？ いつも自分勝手だし、連休も子どもたちをどこにも連れて行ってくれないし。父親として夫として、いったい何をした？

夫が言いがちな返答

- そうかもね。
- 勝手に決めるなよ。
- 変える気はない。

解説 あきらめの境地に達したときに発しやすい言葉。

この言葉を発する妻は、ほぼ「あきらめ」「やり尽くした感」があり、早速今日から夫が何か行動の変化を起こしたとしても、冷めた目で見られるだけかもしれません。

しかし、何も行動を起こさなければ、今以上に妻の夫に対する評価はガタ落ちです。

妻が完全な「無」になる前に、「仮面夫婦」になる前に、とにかく地道にこれまでのマイナスを取り戻す努力をするしかありません。

もちろん、本質は変わりませんが、「行動」は自分の努力で変えることができるはずです。本気で取り組みましょう！

当たり前ですが、まずは自分のことは自分でするようにしましょう。

家事育児に積極的に関わり、ねぎらいや感謝の言葉を増やすこと、そして今すぐ妻や子どものために行動できることを探してください。

「妻や子どものため」と思って行った行為は、結果的に〝自分のため〟だったことに気付く日がきっと訪れます。

こじらせない返答例

イヤ、変われる。これから本気で変わるから見てて！

今さらなんだけど教えてくれる？ どこを変えたらいい？

【妻ことば】

あなたがやってることはモラハラだよ。

それ、モラハラだから。

超訳

「オレと同じだけ稼いでから言え」「パートのくせに」「オマエのために言ってるんだ」「出ていけ」とか、それ全部〝モラハラ〟だから！　反省して改善に努めてくれるのなら私も考えるけど、このままならあなたと一緒に生活するのは耐えられない。

夫が言いがちな返答

- オマエのほうがモラハラだよ。
- え？　モラハラなの？
- オマエがそうさせてる。

解説

夫の暴言や行為が「モラハラ」だと自覚してほしいときに妻が発する言葉。

もし、これまで無意識にしていた言動だったなら、「モラハラだ」と忠告してくれた妻に感謝したほういいかもしれません。

ハッとして、今後の言動に気を付けるか、自分の言動を振り返りもせず、変わらず過ごすかで、その後の自分の人生が大きく変わってきます。

「モラハラ予備軍」と「完全なモラハラ」は、見分けがつきにくいのですが、判断材料の一つとして言えるのは、自分の言動を反省し、本気の改善に向けてなんらかの行動に移す人か、そうでない人かの違いがあります。前者は改善の見込みがある「モラハラ予備軍」、後者は完全な〝モラハラ思考〟なので「モラハラ」の可能性が高く、自覚しないかぎり改善は困難です。

「夫婦ゲンカの流れで、つい暴言を吐いてしまった」という人が、すべてモラハラだとはかぎりませんが、感情をコントロールする練習をするなどして、妻の不安を取り除く努力をしてください。

こじらせない返答例

今までひどいことを言って傷つけてしまい、本当に申し訳ない。

ごめん、言いすぎた。これからは気を付けるよ。

【妻ことば】

はぁ（ため息）、そうじゃなくて～。

違うでしょ！

超訳

どうして私の言う通りにやってくれないの？　できないのはなんで？　〝結果オーライ〟なら問題ないと言えばそうなんだろうけど、無駄が多いからイライラしちゃう。前に言ったこと、もう忘れてるし話がまったく伝わらないのはなぜ？　宇宙人なの？

夫が言いがちな返答

- どうすればいいの？
- ちゃんと教えて。
- じゃあ自分でやれば？

解説

「何度言ったらわかるの？」という心境のときに言いがち。完璧主義の妻からもよく発せられる言葉。

忙しそうに動いている妻の助けになったらと、気付いた家事や育児をやり始めると、後ろからダメ出しの声。「そうじゃなくて〜」。

あるときは、会話の途中で「〇〇だよね？」と言えば「違う！」と怒り顔。

「じゃあ、どーすりゃいいんだよ！」と叫びたくなるときもあるでしょう。

正解を求めても無駄です。なぜなら、コレという正解などないのですから。

つまり、妻の〝機嫌次第〟ということです。

防止策は、日頃から妻の動きを観察し、やっていることを真似て、妻より先に行動してみることです。モラハラ気質でない妻なら、夫の頑張りを認めてくれるでしょう。

また、声を掛け合いながらの連携も効果的なのでお試しあれ！

「〜してくれる？」→「ＯＫ〜！　終わったから次は〇〇しておくね」→「了解！　ありがとう」のような感じで。

こじらせない返答例

あれ？　違ってた!?　やってみるから、ちょっと見てて。

もう少し優しく言ってほしいな〜。

【妻ことば】

また電気点けっぱなしだった。

また便座を上げっぱなし！

また出しっぱなし！

超訳

またトイレの電気点けっぱなし！空のペットボトルも出しっぱなし！　何度言ったらわかるの？　点けたら消す、出したらしまうができない大人、子どもより手が掛かる。

夫が言いがちな返答

- 気付いたら〜しておいてよ。
- あ、そう?
- 自分だって忘れることあるくせに。

解説 なんでもやりっぱなしのため、そのたびに妻の負担が増えることへの不満があるときに発する言葉。

電気の点けっぱなし、便座の上げっぱなし、散らかしっぱなしは夫婦間で揉めることが多い内容です。

当然「うっかり」もあるとは思いますが、しょっちゅう注意されているのであれば何かしら工夫する必要があるでしょう。

「用を足すときは意地でも〝立ってする〟」という夫もいますが、そうであればマメにトイレ掃除をすることを条件に交渉してみたらいかがでしょう？

便器はもちろん床も壁もいつもピカピカなトイレだったら、妻も文句を言いにくくなるはずです。

好きで「〜しっぱなし」にしている夫はいないとは思いますが、人にも家計にも負担をかけない気遣いは必要です。

また、「〜しっぱなし」に近い迷惑行為が、トイレットペーパーや食べ物を、ほんのわずかな量だけ残してそのままとか……。

こじらせない返答例

いつも忘れちゃうんだよね……。何かいい方法ないかな？

えー!?　また、忘れてた？　失礼しました！

【妻ことば】

触らないで。

触られたくない。

超訳

ちょっとでも手が触れたり、家の中ですれ違ったときに洋服が触れたりするのもイヤ！　夫には申し訳ない気持ちもあるけど、急に触られそうになるとビクッとしてしまう。もう生理的にムリなのかも。勝手に人の物を片付けたり移動させたりするのもやめてほしい。

夫が言いがちな返答

- どうして？
- ひどくない？
- なんで避けるの？

解説

これまでの小さな不満が蓄積された結果、夫を生理的に受け入れられなくなっている妻が、体や私物に触ってほしくないときに発しやすい言葉。

体や私物に触られることを拒否する他に、自室やキッチンなど妻のテリトリーに立ち入ったりすることにも嫌悪感をあらわにすることがあります。

そのような状態になっている場合は、昨日今日に何か問題があったとは考えにくく、何年もの年月を経て蓄積されてきた気持ちが可視化されたと考えるのが自然です。

よって、無理強いすると今以上に妻の気持ちや態度が硬化するので、時間をかけて信頼関係を取り戻していくしかないでしょう。

嫌悪感は、見た目の〝センス〟や〝爽やかさ〟などによっても左右されるため、まずは、自分の「容姿」と、これまでの「言動」を客観的に見つめ直すこと。

わからなければ、正直に言ってくれる家族や同僚に聞いてみたり、女友達や美容師さんにアドバイスを求めたりするといいでしょう。

こじらせない返答例

掃除するときには移動させるから、嫌だったら片づけておいて。

無理やり触ったりしないよ。もっとリラックスして過ごすのは難しい？

【妻ことば】

そんなこと言うなら自分でやれば？

じゃあ、自分でやったらいいんじゃない？

超訳

そんなに文句を言うなら自分でやればいいじゃん！　今まで何も言わずにいたけど、もう我慢できない！　指図ばかりして自分で動こうとしないし、気に入らないと文句ばかり。もう自分のことは自分でやるルールに変えようかな。

夫が言いがちな返答

- できないからお願いしてるんでしょ。
- 何それ？

解説　自分は何もせず、妻に要求するだけの夫に発する言葉。ダメ出しや文句を言う夫に我慢できなくなったときに発する言葉でもあります。

「散らかってるから片付けて」「ワイシャツを干すときはシワをちゃんと伸ばしてって、この間も言ったよね」、なんていう会話のやりとりは、どんな家庭でも一度くらいはあるかと思います。

　専業主婦が多かった時代は、妻たちも夫の言葉に素直に従い、妻自身もそれが〝当たり前〟と受け止めていたのかもしれませんが、昨今はどうやら状況が変わってきているようです。

「もうちょっと片付けたら？」なんて言おうものなら、「気になるなら自分で片付けたら？」と、秒で返されます。「夕飯まだ？」という催促にも「自分で作れば早いんじゃない？」と言われて撃沈するだけです。

　これまでは、「夫だから」「男性だから」という理由で、家事や育児からなんとなーく逃げられていた男性も、今の時代、それが通用しなくなってきていることを薄々感じていることでしょう。「自分のことは自分で」が基本です。

こじらせない返答例

確かに〜。そうだよね〜。

そんなこと言わないで〜。じゃ、一緒にやろうよ！

【妻ことば】

「やめて」って前にも言ったよね？
～するのはやめて！

超訳

私の「こうしてほしい」を頑なに聞き入れず、マイルールをゴリ押しして突っ走るのはなぜ？ どうして「やめて」と言ったことをやめてくれないの？ どうして私が嫌がることをするの？ そこまでして私を困らせる理由はなんなの？

夫が言いがちな返答

- なんでそんなに嫌なの？
- オレに命令するな。
- 癖なんだよね。

解説 明らかに拒否、拒絶を表している言葉。「受け入れません」という強い意志のもと発せられる言葉です。

当然ですが、「夫婦だから何をしても許される」ということはありません。

極端な話ですが、仮に妻が「やめて」と言っても聞き入れずに強行した場合、内容によりますが「暴行罪」や「強制性交等罪」などで逮捕される可能性もゼロではないのです。

そのようなケースは稀だとしても、ごく一般的な夫婦間のいざこざで発せられる「やめて」も決して軽く考えないように！

人が「やめて」と言っているのにやめずに続けること自体、嫌がらせですし、モラル・ハラスメントになる可能性もあります。

妻が「やめて」と言っていることに対して、あなたが「なぜ？」と思うことや「一般的なことでしょ」と思うことでも、妻にとっては耐えがたいことなのです。

もし話し合いができない状態まで夫婦関係が悪化しているのなら、身内や信頼できる友人に同席してもらう方法もあります。

こじらせない返答例

わかった。もうしないから安心して。

ごめん。気を付けるよ。でも僕の話もちょっと聞いてくれる？

【妻ことば】

いつも私ばっかり我慢してる。

私ばっかり大変。

超訳

子どもが熱を出せば仕事を早退して迎えに行くのは私。夜泣きの対応をするのも私。自分の時間なんて取れない。あなたは何も気にせず仕事に集中できていいよね。家でも、あなたが機嫌を損ねないように私がいつも気を遣ってるって、わかってないでしょ？

夫が言いがちな返答

- 何を我慢してるの？
- 我慢しなければいいじゃん。
- オレだって我慢してる。

解説

切羽詰まった状態であり、日常生活をギリギリのメンタル状態で送っていると考えられる妻が発しやすい言葉。

「いつも私ばっかり我慢してる」「我慢するのは、いつも私」などと言われたことがある人もいるでしょう。

「私だけが、やりたいことも自由にできずに我慢を強いられてる」と妻は言いたいわけですが、何を我慢しているのか具体的に確認したことはありますか？

「超訳」には一部の例しか記載していませんが、妻がいつも何を我慢していると思っているのかを冷静に訊いて確認しないことには改善にはつながりません。

最近、夫婦の会話が減ってきていると感じている人は、スマホやテレビからいったん離れ、「ねぇ、ちょっと訊いてもいい？ たとえば（妻の名前）が普段〝我慢していること〟ってどんなことがある？」と夫婦のコミュニケーションのキッカケにしてみてはいかがでしょう。

もしかして予想外の答えが返ってくるかもしれませんよ。

こじらせない返答例

気付かなくてゴメン。話を聴くから、一緒に今後の対策を考えよう。

家のことをよくやってくれて助かってる。我慢しないで何でも言って。

【妻ことば】

そういうところだよ！

そういうところが嫌なの。

超訳

ぜんぜんわかってないんだね。今まで何度も言ってきたことはなんだったの？　そういうところがイヤでイヤで仕方ないのに、頑なに直そうとしないのはなんで？　「直したら負け」というルールでもあるのか？

夫が言いがちな返答

- 何が？
- どういうところ？
- わからないよ。

解説

これまでに妻がさんざん注意してきたことや、決められたルールが守れなかったりしたときに言う言葉。

妻のマイルールに反したときや、価値観を否定されたときにも言われがちな言葉です。

夫婦関係に波風を立てたくないのであれば、最低限のルールを守ってお互いを尊重することです。シンプルに考えればいいのです。

もし、「断固として異議を唱えたい」というのであれば、闘うのもありだと思いますが、たとえそこで正論を訴えたとしても夫婦関係が円満にいくとはかぎりません。逆にもっと〝泥沼化〟する恐れがあります。

まずは、妻が指摘する「そういうところ」とは、「どんなところ」なのかを把握すべく〝聴き取り〟に力を注ぎましょう。

いつもこのような展開になるのだとしたら、まだお互いを〝知らない〟のかもしれません。

相手は何が好きで、何が嫌いなのか？　どんな考えをもっているのか？　もっと必要な情報を得ようとするコミュニケーションを心がけてくださいね。

こじらせない返答例

いろいろあると思うけど、どういうことが嫌なのか具体的に教えて。

わかった。気を付けるね。でも、もっと穏やかに言ってほしいな。

【妻ことば】

ゲームばっかりしてないで、ちゃんと子どもを見てて。

食事中はゲームやめて。

超訳

「ちゃんと子どもを見てる」って言うけど、ゲームをやりながらだと何かあったときに危険から守ることができないでしょ！　食事しながらスマホ見るのもやめてほしい。ゲームするなら、やることやってからにして。もっと家族の時間を大事にしてよ。

夫が言いがちな返答

- ちゃんと見てるよ。
- 自分もしてるでしょ。
- 一生するなっていうこと？

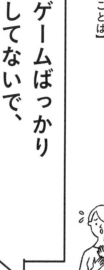

解説 もっと優先してやるべきことがあるにもかかわらず、ゲームに夢中になっている夫に発する言葉。

　使用頻度や時間のコントロールができず日常生活や家庭に支障をきたす状況になっているのだとしたら、それは〝ゲーム依存症〟の可能性が高いと思われます。

　妻から口うるさく言われている状況なのであれば、注意されている今のうちに真剣に受け止めないと後悔しますよ。せめて、子どもといる時間、食事の時間だけでも自制して家族と会話してください。この言葉を言われた段階でも、夫への信頼がすでに薄れてきています。

　妻が言う「ちゃんと子どもを見てて」の意味は、〝ただ見てるだけでいい〟という意味ではありません。「思わぬ事故につながらないように注意しながら子どもの相手をしていて」という意味です。ゲームをしたいなら、〝ＴＰＯ〟をわきまえてすればいいだけです。

　一度失った信頼を取り戻すには並々ならぬ努力と苦労が伴いますので、今のうちに改善しておくほうが自分のためでもあります。

こじらせない返答例

……。（静かに終了する）

はい！

【妻ことば】

なんで〜なの？

どうして、〜できないの？

超訳

どうして同じ失敗を繰り返すのか？ なんで約束が守れないのか？ 納得いく理由を聞かせてほしいのに、逆ギレするだけで改善策を提示するわけでもないし……。〝家庭運営〟していく気があるの？

夫が言いがちな返答

- わかんない。
- しつこいよ！
- なんでかな……。

解説 過ちや間違いの理由を問い質すために使われる言葉。

自分が納得するまで、または自分が期待する答えが返ってくるまで「なんで?」「どうして?」を繰り返すこともあり、〝なんで、どうして症候群〟と命名してしまいそうになる妻もいます。

「どうしてできないの?」と言われても、自分でもどうしてできないのかわからない夫もいます。問い詰められると、動悸や不眠などの症状が出る夫もいます。

もし「責められている」と感じたなら、黙っていたり声を荒らげたりせずに落ち着いた声で「もう少し自分の頭を整理する時間が欲しい」と伝えてみましょう。必要であるなら謝罪をし、できない約束や言い訳はせず、自分ができることや工夫する内容を伝えてみてください。

なかには夫にだけでなく、子どもにも「なんで? どうして?」と詰め寄ってしまう妻もいます。もし、子どもへの対応のことで注意を促すのなら、妻への「言い方」を工夫しないと思わぬ反撃に遭ってしまうこともあるので慎重に伝えてください。

こじらせない返答例

なんで? と訊かれても、~だったからとしか言いようがないんだよね。

今日は頭が混乱してる。明日ちゃんと話すからそれでいい?

【妻ことば】

何度言ったらわかるの？

もう何回も言ってるよね？

超訳

いつもいつも同じことを何度も言わせないで、いい加減学習して！　こっちだって暇じゃないんだから、覚えられないんだったら覚えていられるように工夫してよ。私も何度も同じことを言いたくはないのよ。

夫が言いがちな返答

- 聞いてないよ。
- 忘れてた。
- それ、オレがやるの？

解説

最初のうちは「仕方ない」と思っていたが、何度も同じことを繰り返し言う〝手間〟にブチギレたときに妻が発する言葉。

自宅以外、職場などでも同じような状況なのであれば、その夫は「そういう人」なのかもしれません。

ですが、ほとんどの人は、上司から「何度言ったらわかるんだ」と言われたとしたら、「どうにかしなければ」と必死に打開策を講じるはずです。

その状況と、ほぼ同じことが家庭内でも起きているにもかかわらず、何も策を練らないのはなぜなのでしょう？

妻が何度も言うこととはどんなことなのか？

自分が妻に何度も訊いてしまうことはどんなことなのか？

行動しない夫→妻が指摘する→やっと気付く→行動する→妻の希望とズレたことをする→妻のチェックが入る→妻にやり方を訊く→妻がブチギレる。このような繰り返しに妻は辟易しているので、どの部分をどう改善したらいいか、一度真剣に考えたほうがいいかもしれません。

こじらせない返答例

今度はちゃんとメモるから、怒らないでもう一回教えて。

ごめん、臨機応変は苦手だから、ルーティン設定でお願い！

【妻ことば】

もう離婚したい。
離婚しよう。

超訳

もうこれ以上何を話しても改善してくれそうもないし、私のメンタルももたないから離婚したほうがお互い幸せだと思う。ケンカするのも疲れたし、もう私が変わる気力もない。これ以上お互いを傷つけ合うのは終わりにしたい。

夫が言いがちな返答

- え？　ちょっと待って。
- 冗談でしょ？
- 突然すぎるよ。

解説

いま思いついたことではなく、前々から密かに離婚を考えていた妻が、何らかのキッカケで離婚を決断して言う言葉。

夫婦間で「離婚」という言葉を頻繁に口にする人のなかには、〝本気〟ではなく「脅し」として利用する人もいます。

口にする本人が離婚を恐れているため、「相手も離婚を恐れているに違いない」という思い込みによって、「離婚」という言葉を〝武器〟にすることがあります。

とはいえ、キッカケによっては水面下で離婚に向けて動き出すことも大いに考えられるので、いずれにせよ離婚が現実にならないように早急に落ち着いて話ができる環境を整えたほうがいいでしょう。

「何度言われようが離婚はしない」と、拒み続けるのもありですが、離婚を回避したいのであれば、まずは妻に不満をすべて吐き出してもらい、改善すべき点と今後の対策を伝え、話し合ってください。

「今から別人になる」くらいの強い気持ちで取り組めば、妻の心が変わるかもしれません。

こじらせない返答例

どうして離婚したいのか、もっと具体的に話を聞かせて。

僕は、離婚はしたくない。もう少しお互い気持ちを整理してみようよ。

column

妻が夫を捨てたくなるとき

「妻が夫を捨てたくなるとき」は、どんなときなのか想像してみたことはありますか?

考えただけでもゾッとするでしょうし、できれば考えたくもないことかもしれません。

「オレには関係ない」と、はなから拒絶する人もいるかもしれませんが……、ちょっと待った!

どうして、「関係ない」と言えるのですか?

「だって、浮気しているわけじゃないし、借金もないし、毎日マジメに働いて生活費も妻に渡しているのに、それで捨てられたら意味わかんないよ」

まぁ、普通はそう思いますよね……、普通は。

というか、「そう思いたい」のではないですか? 誰もが「そう思いたい」気持ちがあるのは理解できます。でも、怖がらせるわけではありませんが、妻が「離婚したい」と真剣に考えるときって、想像しているより案外〝普通〟のときだったりするんですよ。

人が「オギャー」と生まれた瞬間から「死」へのカウントダウンが始まるのと同じように、結婚した瞬間から「離婚スイッチ」を押す権利が与えられるのです。

で、アナタは離婚スイッチが一度も押されていないとお思いで?

前述したように、妻が「離婚したい」と思うときは、案外〝普通〟に身近で起きていることが原因だったりするんです。

たとえば、何度言っても自分の使ったコップやお皿をシンクに持っていかないとか、洗わないとか、靴下を丸めたまま洗濯機に入れるとか、子どもが夜泣きをしても起きてあやしたりミルクをあげたりもしない……、とかね。

これは、ほんの一部ですけど、今挙げたことは〝特別なこと〟ではありません。もしかすると、皆さんのご家庭でも見たことがある光景かもしれません。

でも、妻の「離婚スイッチ」が押されるのは、このような日常のなかにこそ、たくさん潜んでいるのです。

「浮気したから」「内緒で借金したから」という、一見一発アウトに感じる夫婦問題よりも遥かに多いのが、夫が気にかけてもいない「ほんの些細なこと」だったりするんです。

アナタの妻が持っている「離婚スイッチ」が、何回目でドカンといくかはわかりませんが、そろそろ爆発しそうな〝ヤバい人〟もいるのでは!?

「うちは、妻から文句言われてないから大丈夫だ」。なんですって?

だ・か・ら〜、〝その思考〟が危険なんですってば！　大丈夫だからこそ、今からすぐにでも「妻孝行」してください！

本書をここまで読んでいただいた方なら、妻が普段どんなことにストレスを抱え、どんなことにイライラしがちで、夫からどんな言葉をかけてほしいと思っているか、ご理解いただけましたよね？　今こそ、この本を読んだ成果を発揮するときです！

みんな健康維持ためにジョギングをしたり、サプリメントを飲んだり、人間ドックに行ったりするのに、どうして「結婚生活維持」には無関心なんでしょうね？

「日本が平和すぎるから」というせいもあるのでしょうか？

日本は災害が多い国ですが、戦争はおよそ80年起きていませんし、まさか大切な家族が今日明日に亡くなるとか考えながら生活しているわけじゃないですものね。

そういった意味でも、「突然、家族がいなくなる」という危機感はゼロに近いのかもしれませんね。

まぁ、日本が平和なのはいいことなんですけどね。〝家庭の平和〟も真剣に考えましょうね。

番外編

我が道を行く妻ことば

深読みしなくても大丈夫です

これぞ妻ことばの極み!?

夫にはなかなか理解できない、まさに謎だらけの言葉。

知っておくだけで関係が変わります。

【妻ことば】

このお店（場所）に来た（行った）ことがある。

ここ、懐かしいな〜。

超訳

ここは、元カレと来た（行った）ことがあるお店（場所）だぁ。懐かしい〜！　確か、ここのグラタンが最高に美味しかった記憶がある〜。／今は幸せだから、夫には絶対、以前誰と来たとは言えないけど、思い出の場所なんだよね。

夫が言いがちな返答

- 誰と来たの？　男と？
- いつ行ったの？
- なんだ、来たことあるんだ。

解説

「初めてじゃない」ということを、ただ言いたいだけ。以前に友達や元カレと来たことがある場合に、つい言ってしまう言葉。

「初めての場所を妻と一緒に経験したかった」という気持ちが強い夫は、ガッカリすることもあるかもしれませんが、このタイプの妻は特に深い意味はなく何も考えず言ってしまう〝あっけらかん〟タイプなのでしょう。

以前相談に訪れた男性の妻がこのタイプだったのですが、その男性は妻の元カレのことが気になりすぎて、執拗に束縛するようになってしまい、夫婦関係が悪化してしまいました。

結果的に、男性の妄想が暴走しただけで誤解は解けましたが、妻の気持ちは微妙です。

大事なのは〝今、この場を楽しむ〟こと！

妻ことばに左右されず、夫婦二人だけの新たな思い出をつくりましょう。

「前に来たことがあったなんて、一緒に行った人に嫉妬しちゃうな〜」とでも言ってみたら、案外「あ、お母さんと来たのよ」と呆気なく言われ、あなたの不安は解消するかも！

こじらせない返答例

そうなんだぁ！　いいよね、この店！

ホント!?　僕たちもしかして、そのときすれ違っていたかもね！

【妻ことば】

（推しの名前）君、カッコイイ〜！
大好き！

（推しの名前）君が
私を救ってくれた。

超訳

やっぱ（推しの名前）君、サイコー！笑顔も素敵だし、性格も優しいし、ファン思いだし、幸せな気持ちにさせてくれてありがとう〜！（推しの名前）君のライブで知り合った友達もできて、最高に幸せ♪

夫が言いがちな返答

- どこがそんなにいいの？
- 好きだね〜。
- ほどほどにしろよ。

解説 寂しさや虚無感、物足りなさを埋めるために無意識に行っている行為（活動）。

「子どものためだけに生きてきた」と言っても過言ではない妻が、子どもが親離れした後、寂しさや虚無感など心の隙間を埋めるため、無意識に利害関係のない夫でも子どもでもない〝推し〟に夢中になる傾向があります。

　推しに夢中になることで、日頃のストレスを跳ね除ける力が湧いたり、これまで抑え込んでいた自分の感情をストレートに表現したりできるようになり、泣いたり笑ったり、喜怒哀楽を体感する楽しさや快感があるのでしょう。

　家庭崩壊につながるような〝のめり込み〟は論外ですが、これまで家族のために自分のことを後回しにしてきた妻であるなら、このまま笑顔が続くように温かい目で見守りましょう。

〝推し活〟に協力的な夫や、一緒に楽しんでくれる夫だったら、妻は周りのみんなに自分の夫を自慢したくなるでしょう。

　家庭に閉じこもってストレスをため込んでいる妻じゃないことは、とても幸運なことです。

こじらせない返答例

こんなに愛されている（推しの名前）君が羨ましいよ〜。

今度、僕も（推しの名前）君のライブに連れて行ってよ！

【妻ことば】

こっちとこっち、どっちがいいと思う？

どっちが好き？

超訳

どっちにしようかなぁ～？　やっぱり、こっちが気になるな。でも、こっちも悪くないし……、でもやっぱりこっちに決めた！　いちおう、夫の意見も訊いておこうか……。

夫が言いがちな返答

- こっちがいいんじゃない？
- 僕は、こっちが好きかな～。
- どっちも似たり寄ったり。

解説 気まぐれで、「とりあえず訊いてみるか」くらいの気持ちで発する言葉。

夫に訊いてきた時点で、ほとんどの場合どちらにするか本気で悩んでいることは少なく、妻の気持ちはほぼ決まっているため、決して本気のアドバイスをしたり、どちらか一方を選んだりしなくてもいい妻ことば。

このとき空気が読めない夫は余計なことを口にして自爆し、空気が読める夫は気が利いたことを言って、今後も妻の〝どっち攻撃〟を受け続けることになるだけという、夫にとっては当たっても外れても特別いいことがあるわけでもないのに毎回ドキドキする言葉。

お財布に余裕があるなら、どっちも買ってあげてください。

買い物好きの妻の場合、「あーでもない、こーでもない」「あっちがいい、こっちがいい」と言いながら、同じ店を行ったり来たりして品定めする〝過程〟が楽しいのです。

当然、付き合わされた夫は疲れるだけかもしれませんが、イライラを表に出さないようにするために、時間を決めて別行動もアリです。

こじらせない返答例

どっちも似合うから迷うな〜。

両方買ってあげるよ。

【妻ことば】

コレ、かわいくな〜い？

めっちゃ好き〜！

超訳

何これ!? かわいい！ かわいい！
ずっと見ていたい！ 癒される！
欲しいな〜、買っちゃおうかな〜。
待て待て、衝動買いはキケンだから
冷静に考えないとね。でも、夫もか
わいいって言ってくれると思う！

夫が言いがちな返答

- かわいいか？
- いいね。
- 買えば？

解説

整ったかわいいもの以外に、ブサイクなものにも発せられる気まぐれな言葉。

妻の言う「かわいい〜」は、一般的に「かわいい」と言われるビジュアルの物や種類、質感、色など関係なく、〝無差別〟に発せられる気まぐれな愛情表現。

「かわいい」＝「美しいもの」というわけではありません。〝ずんぐりむっくり〟のオジサンを見ても「かわいい〜」と大騒ぎする女性の感性は、男性には一生「謎」なのかもしれません。

妻が発する「かわいい」を観察し続け、妻が思う「かわいい」の基準を知ることができれば、永遠の謎だと思っていた妻の〝独特のセンス〟を網羅できるかもしれません。

それは今後の妻への「プレゼント選び」や「会話のネタ」に苦労している夫にとって大いに役立つ情報となることでしょう。

でも大概の夫は、妻の「かわいい〜」には興味ゼロです。はっきり言って、〝どうでもいいこと〟だったりします。おもむろに否定したりしなければ、それでいいのです。

妻が楽しそうにしているのが一番です。

こじらせない返答例

うん、めっちゃかわいいね〜。

（妻の名前）ちゃんらしくていい！

【妻ことば】

来月の○日は、〜の△△だから空けておいて。

○○さんから電話があったよ。

超訳

話しかけても否定しか返ってこないから余計な話はしたくない。最近は、どうしても必要なことしか話さないし、夫も話しかけてこないからケンカにもならず楽。離婚するのも面倒だから、もうこのままでいいと思ってる。

夫が言いがちな返答

あぁ。

うん。

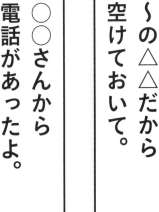

解説

熟年夫婦にありがちな〝夫婦のカタチ〟。特に話す内容もなく、ケンカをしているわけでもない。このような必要最低限の会話で成り立っている夫婦もいます。

「何かを改善しようとも思わないし、離婚しようとも思わない」

「これまで何度もケンカしてきたけれど、夫は変わらないし、私も変わろうとは思わない」

自分たち夫婦は「こういうものだ」と割り切り、それぞれが自分のペースで生活していく、これぞまさに大人の〝自立スタイル〟!?

こじらせない返答例

わかった。

了解。


世間一般的な理想論は、たわいもないコミュニケーションがあって、休日は家族でお出かけ。家事育児にも協力的な夫、いつも笑顔の妻。

そして、健やかなるときも病めるときも……、互いに助け合いながら暮らすことができればいいのですが、食事や洗濯なども各自で行う夫婦もいれば、どちらかの気が向いたときにだけ相手の食事を用意する夫婦もいます。

夫婦同士、納得し合っていればなんの問題もありません。重視すべきことは、自分たちに合った「夫婦のカタチ」です。

【妻ことば】

も〜、お腹いっぱい！
もう食べられない。

超訳

みんな、割と食べないのね。私は、まだ食べ足りない気もするんだけど……。甘いものだったら〝別腹〟だから余裕で食べられる。なんなら、もう一食分くらい食べられるけど、大食いがバレたら恥ずかしいから我慢しよ。

夫が言いがちな返答

- もう食べないの？
- いつもより少食だね。
- 遠慮してない？

解説 本当に満腹状態のときだけでなく、周りの人の食欲や状況に合わせて使うことがある言葉。

たくさん食べることは、悪いことでも恥ずかしいことでもないのに、なかには周りの人の目を気にして満腹を装ってしまう人もいます。

自宅で家族だけで食事をするときは、食べたいものを食べたいだけ食べる妻。でも、夫の親族や友人たちと食事をするときなどは、いつもよりかなり小食。

どこか具合でも悪いのかと思いきや、その真意を探ると「〝よく食べる女〟という印象を持たれるのが恥ずかしい」という、なんとも健気な乙女のような感情を抱く妻。そんな妻も少なくないのです。

「そんなの誰も気にしないから、食べたいもの食べれば？」と思うかもしれませんが、妻の乙女心を台無しにしないように、家族以外の人と食事をする場合は、「残すともったいないし、もう少し食べられない？」と、妻に「全部食べていいんだよ」という意味の言葉がけをしてあげられればパーフェクトですね。

こじらせない返答例

僕はもう少し食べたいんだけど、ちょっとだけ手伝ってくれない？

残すともったいないから、もう少しだけ無理して食べちゃいな。

【妻ことば】

**うん、うん！
わかる、わかる〜！**

そう、そう！　わかる！

超訳

それ、めっちゃわかる〜！　私も経験ある！　そういう人いるよね〜！　こうやって話を聞いてあげないと、機嫌が悪くなるから共感してあげてるけど、疲れるんだよね……。

夫が言いがちな返答

- 本当にわかってる？
- やっぱり!?　そうだよね〜！
- オレたち気が合うよね！

解説 本当に、わかっているのかどうだかわからないが、共感力が半端ない妻が使いがちな言葉。

むやみに使いすぎると、途端に〝軽く〟聞こえがちで、話の内容によっては相手から嫌悪感を抱かれることもあります。

ですが、夫婦間においては「わかる、わかる」と、うなずいてリアクションしながら話を聞いてもらえる相手がいるのは、理想的で恵まれた環境であることは間違いありません。

そのような妻の手にかかると、時間が過ぎるのを忘れて、いつの間にか何時間も夫婦で話し込んでいた……、なんていうことも珍しくないでしょう。

でも、これを「素」でできる妻なら問題ないのですが、実は「夫の機嫌を損ねないために無理して愛想よくリアクションしている」という妻もいるのです。

それに気付かない夫も気の毒ですが、無理して機嫌をとる妻も気の毒です。

あなたの妻は大丈夫でしょうか？

こじらせない返答例

（妻の名前）と話してると、ホント癒される。

いつも話を聞いてくれてありがとう。（妻の名前）の話も聞かせてよ。

【妻ことば】

別に。なんでもない。

別にいいけど……。

超訳

なんでわかってくれないのかな～。本当は、もっといろいろ言いたいことがあるけど言ってケンカになるのも面倒だから、今は黙っておこう。やっぱ、「察して」と思うのは贅沢なんだよね。

夫が言いがちな返答

- その言い方、嫌だな～。
- 言いたいことがあるなら言ってよ。

解説

「言いたいけれど言いづらい」「言ってもわかってくれない」という気持ちがあり、不満や要望を言わずに〝匂わせ〟をしたいときに言いがちな言葉。

「別に」と言われた夫としても、さすがに「何か言いたいことがあるんだろうな〜」と、わかるモヤモヤ感が残る言葉かもしれません。

「え？　何？　気になるから言って」と、夫から言ってもらえるように、〝わざと〟含みをもたせた言い方をして興味をひき、「本当は言いたくなかったけど、言ってと言われたから言った」という状況を作り出すこともあります。そうすることで、言いにくかった自分の要望や不満を伝えやすくするという算段です。

　また、何か言いたいことがあるのか訊いても「別にいい」と断られたら、ずっとそのままにせず、後日タイミングを見てこちらから声をかけてあげてください。

　妻の性格や、現在の夫婦関係によっては、「あのとき私は〜だったのに、夫は〜してくれなかった」と言い出し、後々混乱を招く可能性もあるからです。

こじらせない返答例

え？　ナニ、ナニ？　気になるな〜。大丈夫だから言って。

何？　言いにくいことなの？

おわりに　妻があなたに求めているもの

最後までお読みいただきありがとうございました。

あなたの妻が発したことがある〝妻ことば〟はありましたか？

妻へのあなたの返答と、本書にある「こじらせない返答例」とでは、どのような違いがありましたか？

大事なのは、この本に掲載した妻ことばだけでなく、日常にちりばめられた、あらゆる妻ことばに意識を向けることです。そして、妻が欲していることになるべく近い「言葉」や「行動」を示してあげてください。

何度かお伝えしているように、歩み寄る〝姿勢〟（アクション）が大事だということ。

妻が期待に応えてくれることを目的にするのではなく、あなたの〝本来の目的〟に向けて進んでいってください。良好な夫婦関係は、思いやりの積み重ねでしか築くことができません。

たとえば、第1章の〝妻ことば〟「頭が痛い」や「育児が辛い」ですが、今までは、言葉通り受け取って「体調が悪いなら、薬飲んで早く寝ろ」「育児が辛いなんて言ってもしょうがないでしょ」と返答していた夫もいるかもしれません。

ですが、もうおわかりですよね？　実際に妻が求めているのは、「気遣う言葉」や「共感の言葉」だということ。

また、第4章の「言いたいことがあるなら黙ってないで何か言ってよ」や「いつも逃げてばっかり」と言われたことがある夫は、もしかすると妻から投げかけられた問いに、黙り込んでしまったり、何も言わずその場から離れてしまったりしたのかもしれませんね。

妻からの〝マシンガントーク〟は確かにキツいですが、場の空気を変えるには、ひと声掛けてから時間をもらい、その後に誠実に対応するようにしてみましょう。

気付いた方も多いと思いますが、夫婦が穏やかな時間を過ごすために互いにすべきことは、とてもシンプルだということです。

夫婦円満は「ありがとう」「ごめんなさい」、それと「お疲れ様」や「大丈夫？」「僕がするよ」などの〝気遣い〟で構成されていると言っても過言ではありません。

幼い子どもでも「パパ（ママ）、お仕事お疲れ様」と、大人をねぎらえるのに、あなたにできないはずがないのです。

もし、「いちいち言葉にしなくてもわかっているはず」とか「自分も妻からの思いやりを感じたことがないから何もしない」などと思っているとしたら、その人はこれまでの人生で本当に大切な人を失った辛さや喪失感を経験したことがない〝幸せな人〟なのかもしれません。

数年前に何度か相談に訪れた松田さん（仮名）という40代男性のお話です。

松田さんは根っからの〝昭和脳〟（昭和の時代は当たり前と考えられていたが、現代では推奨されない時代遅れの思想）でした。

たとえば「男子厨房に入るべからず」や「男は黙って○○」のような生き方こそ、家族からの信頼や幸せにつながると信じている人でした。

そんな松田さんが劇的に変わったキッカケは、妻のうつ病からの自殺未遂でした。

布団から出られない妻、家事も育児もできなくなった妻に「妻（母親）失格」のレッテルを貼り、長い期間責め続けたのです。そして、妻は自殺未遂。

ショックと驚きでパニックになりながらも、一命をとりとめたことに安堵したのも束の間。当時まだ未就学児だった娘を放っておくわけにはいきません。

そこから松田さんの仕事・家事・育児の両立生活が始まります。

これまでほとんど家のことに関わってこなかった松田さんの生活サイクルは一変し、今まで見えていなかったことが見えるようになり、毎日が雑用や子どもの対応に追われるなど、感じたことも経験したこともなかった苦労に初めて気が付いたのです。

「家族を守れなかった自分が恥ずかしいです。妻を追い込み、娘にも辛い思いをさせてしまいました。もっと早く妻の気持ちに向き合ってあげられていたら……、もっと気にかけてあげられたら、あんなことにはならなかっただろうと思っています。当時は、バカみたいなプライドや思い込みに支配されていました。もう少しで大切なものすべてを本当に失うところでした」

そんな松田さんの言葉は今でも印象に残っています。

人は強い恐怖や衝撃を受けたり、変わらざるを得ない状況になったりしないと、なかなか〝自分ごと〟として認識することができず、本気で「変わろう」「変えよう」とするための行動に移せないものです。

しかし、何かあってからでは遅いのです。

ここで一つ。「共感」を示す言葉から離れて久しい夫へ、誰でも簡単にできる「〝そ〟れだけ覚えとけ」をお教えしましょう。

「〝そ〟れだけ」とは、「そ」から始まる、共感を示したり会話を円滑にしたりする言葉です。

「〝そ〟れだけ覚えとけ」8選

そうそう。
そうだね。
そうしよう！
そうなんだぁ。
それ、いいね！
それは知らなかった！
それからどうしたの？
そんなことがあったんだぁ……。

どうでしょう？　簡単でしょ？

まずは〝慣らし運転〟として、「〝そ〟れだけ覚えとけ」をマスターして、今日から活用してみてください。

〝それだけ〟で、妻が夫の対応に嫌悪感を抱くことなく、夫婦の会話が滑らかになり、「電球替えた？」と言いたくなるくらい家の中の明るさと雰囲気が激変しますから。

高草木陽光

2024年7月

著者紹介

高草木陽光　「HaRuカウンセリングオフィス」代表。夫婦問題カウンセラー。自分が経験した離婚危機をふまえ「幸せな結婚生活」を研究。これまで約10,000件のカウンセリングを行い、夫婦問題・家族問題などで悩む人の心に寄り添いながら、解決に向けて支援している。会社経営者、医師、ビジネスマンなど、男性クライアントも多い。テレビやラジオの番組に出演のほか、雑誌・新聞での掲載多数。著書に『なぜ夫は何もしないのか　なぜ妻は理由もなく怒るのか』(左右社)など。本書は、妻がよく夫に言う言葉とその真意をまとめた一冊である。

ホンネがわかる妻《つま》ことば超訳辞典《ちょうやくじてん》

2024年7月30日　第1刷

著　　者　高《たか》草《くさ》木《ぎ》陽《はる》光《み》

発 行 者　小澤源太郎

責任編集　株式会社 プライム涌光
電話　編集部　03(3203)2850

発 行 所　株式会社 青春出版社
東京都新宿区若松町12番1号 〒162-0056
振替番号　00190-7-98602
電話　営業部　03(3207)1916

印刷　三松堂　　製本　大口製本

万一、落丁、乱丁がありました節は、お取りかえします。

ISBN978-4-413-23367-5 C0036